Mark Twain

Was ist der Mensch?

Ein Gespräch über die Welt und Gott

Aus dem amerikanischen Englisch übersetzt
von Hans-Christian Oeser

Reclam

Englischer Originaltitel:
What Is Man?

RECLAMS UNIVERSAL-BIBLIOTHEK Nr. 14211
2021 Philipp Reclam jun. Verlag GmbH,
Siemensstraße 32, 71254 Ditzingen
Gestaltung: Cornelia Feyll, Friedrich Forssman
Umschlaggestaltung: it's me design
Druck und Bindung: Eberl & Koesel GmbH & Co. KG,
Am Buchweg 1, 87452 Altusried-Krugzell
Printed in Germany 2021

ISBN 978-3-15-014211-0

Auch als E-Book erhältlich

www.reclam.de

Twain | Was ist der Mensch?

FEBRUAR 1905. Die Vorarbeiten zu dieser Abhandlung wurden vor fünfundzwanzig oder siebenundzwanzig Jahren begonnen. Die Abhandlung selbst wurde vor sieben Jahren verfasst. Seitdem habe ich sie ein- oder zweimal im Jahr geprüft und für überzeugend befunden. Eben erst habe ich sie abermals geprüft und bin nach wie vor davon überzeugt, dass sie die Wahrheit sagt.

Jeder Gedanke, den sie enthält, ist von Millionen und Abermillionen Menschen gedacht (und als unanfechtbare Wahrheit akzeptiert) worden – und er ist verheimlicht, verschwiegen worden. Weshalb haben sie nicht freiheraus gesprochen? Weil sie die Missbilligung der Leute um sich her fürchteten (*und nicht ertragen konnten*). Weshalb habe ich sie nicht veröffentlicht? Ich glaube, derselbe Grund hat auch mich davon abgehalten. Einen anderen kann ich nicht finden.

Was ist der Mensch?

I

a. Der Mensch, eine Maschine
b. Persönliches Verdienst

[Der alte Mann und der junge Mann hatten sich unterhalten. Der alte Mann hatte behauptet, der Mensch sei nur eine Maschine und nichts weiter. Der junge Mann erhob Einspruch und bat ihn, Einzelheiten zu erläutern und seine Position zu begründen.]

ALTER MANN. Aus welchen Materialien wird eine Dampfmaschine gebaut?

JUNGER MANN. Aus Eisen, Stahl, Messing, Weißmetall und so fort.

A. M. Wo finden sich diese?

J. M. In Gestein.

A. M. In reinem Zustand?

J. M. Nein – in Erzen.

A. M. Werden die Metalle über Nacht in den Erzen abgelagert?

J. M. Nein – es ist die geduldige Arbeit ungezählter Zeitalter.

A. M. Könnte man die Maschine auch aus dem Gestein selbst fertigen?

J. M. Ja, aber nur eine zerbrechliche, keine sehr wertvolle.

A. M. Von einer solchen Maschine würde man nicht viel erwarten?

J. M. Nein – im Grunde genommen nichts.

A. M. Wie würde man vorgehen, um eine funktionstüchtige und leistungsfähige Maschine herzustellen?

J. M. Man würde Tunnel und Schächte in die Berge treiben; das Eisenerz heraussprengen; es zerkleinern, verhütten, zu Roheisen reduzieren; einen Teil davon dem Bessemerverfahren unterziehen und daraus Stahl erzeugen. Die unterschiedlichen Metalle, aus denen Messing hergestellt wird, würde man abbauen, weiterverarbeiten und legieren.

A. M. Und dann?

J. M. Aus dem Endresultat würde man die funktionstüchtige Maschine bauen.

A. M. Von der würden Sie viel erwarten?

J. M. O ja.

A. M. Sie könnte Drehbänke, Bohrer, Hobel, Schlagstempel und Schleifscheiben antreiben, kurzum, alle ausgeklügelten Geräte einer großen Fabrik?

J. M. So ist es.

A. M. Was könnte die Maschine aus Stein leisten?

J. M. Möglicherweise eine Nähmaschine antreiben – sonst vermutlich nichts.

A. M. Die andere Maschine würden die Menschen bewundern und begeistert loben?

J. M. Ja.

A. M. Aber nicht die aus Stein?

J. M. Nein.

A. M. Die Verdienste der Maschine aus Metall lägen weit über denen derjenigen aus Stein?

J. M. Selbstverständlich.

A. M. Die persönlichen Verdienste?

J. M. Die *persönlichen* Verdienste? Wie meinen Sie das?

A. M. Sie hätte einen persönlichen Anspruch auf Anerkennung ihrer Leistung?

J. M. Die Maschine? Natürlich nicht.

A. M. Warum nicht?

J. M. Weil ihre Leistung nicht persönlicher Natur ist. Sie ist Resultat des Gesetzes ihrer Konstruktion. Es ist kein *Verdienst*, dass sie die Dinge leistet, für die sie vorgesehen ist – sie *kann* nicht anders.

A. M. Und es ist nicht das persönliche Unverdienst der Maschine aus Stein, dass sie so wenig leistet?

J. M. Natürlich nicht. Sie leistet nicht mehr und nicht weniger, als was das Gesetz ihrer Machart ihr erlaubt und ihr abverlangt. Daran ist nichts *Persönliches*; sie kann nicht wählen. Wollen Sie, wenn Sie sich so ›zu der Sache hinarbeiten‹, etwa auf die Behauptung hinaus, dass Mensch und Maschine annähernd dasselbe sind und dass in der Leistung keines von beiden ein persönliches Verdienst liegt?

A. M. Ja – aber seien Sie nicht gekränkt; ich will Sie nicht kränken. Worin besteht der große Unterschied zwischen der Maschine aus Stein und der Maschine aus Stahl? Sollen wir es Ausbildung nennen, oder Bildung? Sollen wir die Maschine aus Stein einen Wilden nennen und die aus Stahl einen zivilisierten Menschen? Das ursprüngliche Gestein enthielt das Material, aus dem die Maschine aus Stahl gebaut wurde – allerdings zusammen mit einer Menge Schwefel, Geröll und anderen hinderlichen angeborenen Erbanlagen, die vergangenen geologischen Zeitaltern entstammen – nennen wir sie Voreingenommenheiten. Voreingenommenheiten, die zu beseitigen nichts im Gestein selbst die *Macht* oder den *Wunsch* hatte. Wollen Sie diesen Satz zur Kenntnis nehmen?

J. M. Ja. Ich habe ihn aufgeschrieben: »Voreingenommenheiten, die zu beseitigen nichts im Gestein selbst die Macht oder den Wunsch hatte.« Fahren Sie fort.

A. M. Voreingenommenheiten, die durch *äußere Einflüsse* beseitigt werden müssen oder gar nicht. Notieren Sie das.

J. M. Wie Sie wünschen. »Die durch äußere Einflüsse beseitigt werden müssen oder gar nicht.« Fahren Sie fort.

A. M. Die Voreingenommenheit des Eisens gegen die Befreiung vom hemmenden Gestein. Genauer gesagt, die absolute *Gleichgültigkeit* des Eisens in Bezug darauf, ob das Gestein beseitigt wird oder nicht. Dann tritt ein *äußerer Einfluss* hinzu, zermahlt das Gestein zu Pulver und setzt das Erz frei. Das *Eisen* ist noch immer im Erz gefangen. Ein *äußerer Einfluss* schmilzt es aus dem hinderlichen Erz heraus. Jetzt ist das Eisen befreites Eisen, weiteren Fortschritten gegenüber jedoch gleichgültig. Ein *äußerer Einfluss* lockt es in den Bessemerofen und veredelt es zu Stahl von bester Qualität. Jetzt erst ist es gebildet – seine Ausbildung ist abgeschlossen. Und es ist an seine Grenzen gestoßen. Durch kein denkbares Verfahren kann es zu *Gold* gebildet werden. Wollen Sie das festhalten?

J. M. Ja. »Alles hat seine Grenzen – Eisenerz kann nicht zu Gold gebildet werden.«

A. M. Es gibt goldene Menschen und zinnerne Menschen und kupferne Menschen und bleierne Menschen und stählerne Menschen und so fort – und jeder von ihnen erfährt die Begrenztheit seiner Natur, seiner Erbanlagen, seiner Erziehung und seiner Umgebung. Aus jedem dieser Metalle kann man Maschinen bauen, und sie alle werden funktionieren, aber von den Schwachen darf man nicht erwarten, dass sie die gleiche Arbeit leisten wie die Starken. Um die besten Resultate zu erzielen, muss man das Metall in jedem Fall von seinen hinderlichen, schädlichen Erzen befreien – durch Bildung, durch Schmelzen, Veredeln und so fort.

J. M. Jetzt sind Sie beim Menschen angelangt?

A. M. Ja. Der Mensch, eine Maschine – der Mensch, eine unpersönliche Maschine. Was immer ein Mensch ist, verdankt sich seiner *Machart* und den *Einflüssen*, die dank seiner Erbanlagen, seinem Lebensraum und seinen Verbindungen auf sie einwirken. Er wird *ausschließlich* von *äußeren* Einflüssen bewegt, gelenkt, BEFEHLIGT. Nichts *bringt* er selbst *hervor*, nicht einmal einen Gedanken.

J. M. Ach, kommen Sie! Woher beziehe ich dann meine Meinung, dass das, was Sie da reden, die reinste Torheit ist?

A. M. Es ist eine ganz natürliche Meinung – in der Tat eine unvermeidliche Meinung –, aber *Sie* haben die Materialien, aus denen sie geformt ist, nicht geschaffen. Diese sind ein Sammelsurium an Gedanken, Eindrücken und Gefühlen, die unbewusst aus tausend Büchern, aus tausend Gesprächen und aus Strömen von Gedanken und Gefühlen übernommen wurden, welche über die Jahrhunderte aus den Herzen und Hirnen von Vorfahren in Ihr Herz und Ihr Hirn geflossen sind. *Persönlich* haben Sie nicht einmal das mikroskopisch kleinste Bruchstück der Materialien geschaffen, aus denen Ihre Meinung besteht; und persönlich können Sie nicht einmal das dürftige Verdienst für sich in Anspruch nehmen, *die geborg-*

ten Materialien zusammengefügt zu haben. Das geschah *automatisch* – mittels Ihrer geistigen Maschinerie, in strikter Übereinstimmung mit dem Konstruktionsgesetz dieser Maschinerie. Und nicht nur haben Sie diese Maschinerie nicht selbst geschaffen, Sie haben *nicht einmal irgendeine Gewalt über sie.*

J. M. Das ist zu arg. Sie glauben, ich hätte mir keine andere Meinung als diese eine bilden können?

A. M. Spontan? Nein. Und *auch diese eine haben nicht Sie sich gebildet*; Ihre Maschinerie hat es für Sie getan – automatisch und augenblicklich, ohne jedes Nachdenken oder auch nur die Notwendigkeit dazu.

J. M. Angenommen, ich hätte nachgedacht? Was dann?

A. M. Angenommen, Sie versuchen es?

J. M. *(nach einer Viertelstunde)* Ich habe nachgedacht.

A. M. Sie meinen, Sie haben versucht, Ihre Meinung zu ändern – in einer Art Experiment?

J. M. Ja.

A. M. Mit Erfolg?

J. M. Nein. Sie bleibt dieselbe; es ist unmöglich, sie zu ändern.

A. M. Es tut mir leid, aber Sie sehen selbst, dass Ihr Verstand nur eine Maschine ist, nichts weiter. Sie haben keine Gewalt über sie, sie hat keine Gewalt über sich selbst – sie wird *ausschließlich von außen* betrieben. Das ist das Gesetz ihrer Machart; es ist das Gesetz aller Maschinen.

J. M. Kann ich denn keine dieser automatischen Meinungen *jemals* ändern?

A. M. Nein. Sie selbst nicht, *äußere Einflüsse* dagegen schon.

J. M. Und *nur* äußere?

A. M. Ja – nur äußere.

J. M. Diese Position ist unhaltbar – ich könnte sagen, lächerlich unhaltbar.

A. M. Was veranlasst Sie zu dieser Annahme?

J. M. Es ist keine bloße Annahme, ich weiß es. Gesetzt den Fall, ich beschließe, einem Gedanken, einem Studium, einer Lektüre nachzugehen in der bewussten Absicht, diese meine Meinung zu ändern; und gesetzt den Fall, es gelingt mir. *Das* ist nicht das Werk eines äußeren Anstoßes, das Ganze ist mir persönlich anzurechnen; denn der Urheber des Projekts bin ich.

A. M. Nicht ein Fitzel davon. *Hervorgegangen ist es aus dem Gespräch mit mir.* Ohne dieses Gespräch wären Sie nie darauf verfallen. Kein Mensch hat jemals irgendetwas hervorgebracht. Alle seine Gedanken, alle seine Anstöße kommen *von außen.*

J. M. Dieses Thema ist zum Verzweifeln. Der *erste* Mensch jedenfalls hatte originelle Gedanken; es gab ja niemanden, von dem er sie hätte beziehen können.

A. M. Das ist ein Irrtum. Adams Gedanken kamen *von außen. Sie* haben Angst vor dem Tod. Die haben Sie nicht erfunden – Sie haben sie von außen bekommen, durch Gespräche und Unterweisung. Adam hatte keine Angst vor dem Tod – nicht die geringste.

J. M. Doch.

A. M. Als er erschaffen wurde?

J. M. Nein.

A. M. Wann dann?

J. M. Als ihm mit dem Tod gedroht wurde.

A. M. Also kam sie *von außen.* Adam ist auch so schon bedeutend genug; versuchen wir nicht, einen Gott aus ihm zu machen. *Nur Götter haben jemals einen Gedan-*

ken gehabt, der nicht von außen kam. Wahrscheinlich hatte Adam einen klugen Kopf, aber der nützte ihm ganz und gar nichts, bis er *von außen* gefüllt wurde. Adam war außerstande, mit ihm auch nur die kleinste Kleinigkeit zu erfinden. Er hatte nicht die leiseste Ahnung von dem Unterschied zwischen Gut und Böse – er musste die Idee *von außen* bekommen. Weder er noch Eva kamen von selbst auf die Idee, dass es unschamhaft sei, nackt zu sein; diese Erkenntnis kam mit dem Apfel, *von außen.* Das Gehirn eines Menschen ist so konstruiert, dass *es nichts von selbst hervorbringen kann.* Es kann nur Material verwenden, das *außerhalb* seiner selbst gewonnen wurde. Es ist lediglich eine Maschine; und es funktioniert automatisch, nicht durch Willenskraft. *Es hat keine Gewalt über sich, sein Besitzer hat keine Gewalt über es.*

J. M. Nun, lassen wir Adam beiseite; aber Shakespeares Schöpfungen sind doch bestimmt –

A. M. Nein, Sie meinen Shakespeares *Nachahmungen.* Shakespeare hat nichts erschaffen. Er hat richtig beobachtet, und er hat wunderbar gemalt. Menschen, die *Gott* erschaffen hatte, porträtierte er genau; doch keinen von diesen erschuf er selbst. Ersparen wir ihm die Kränkung, ihn des Versuchs zu zeihen. Shakespeare konnte nichts erschaffen. *Er war eine Maschine, und Maschinen erschaffen nichts.*

J. M. Worin lag dann seine Vortrefflichkeit?

A. M. Im Folgenden. Er war keine Nähmaschine wie Sie und ich; er war ein Gobelin-Webstuhl. Die Fäden und die Farben kamen *von außen* in ihn hinein; äußere Einflüsse, Anregungen, *Erfahrungen* (lesen, Stücke sehen, Stücke spielen, Ideen borgen und so fort) bildeten Muster in seinem Verstand und setzten dessen bewundernswert komplexe Maschinerie in Gang, und *diese* produzierte *automatisch* jene prächtigen Bildteppiche, die noch immer das Staunen der Welt erregen. Wäre Shakespeare auf einem kargen, menschenleeren Felsen im Ozean geboren und aufgewachsen, so hätte sein gewaltiger Intellekt kein *Material von außen* zur Verfügung gehabt, mit dem er hätte arbeiten können, und er hätte auch keines ersinnen können; er hätte keine *äußeren Einflüsse*, Lehren, Modelle, Überzeugungen, Inspirationen wertvoller Art zur Verfügung gehabt und auch keine ersinnen können; und so hätte Shakespeare nichts hervorgebracht. In der Türkei hätte er etwas hervorgebracht – im Rahmen türkischer Einflüsse, Verbindungen und Schulungen. In Frankreich hätte er etwas Besseres hervorgebracht – im Rahmen französischer Einflüsse und Schulungen. In England stieg er auf – bis an die äußerste Grenze dessen, was sich durch *Hilfe von außen* erreichen ließ, eine Hilfe, die *die Ideale, Einflüsse und Schulungen dieses Landes leisteten*. Sie und ich, wir sind nichts als Nähmaschinen. Wir müssen produzieren, was wir können; wir müssen unser Bestes geben und dürfen uns nicht darum scheren, wenn uns gedankenlose Menschen vorwerfen, dass wir keine Gobelins produzieren.

J. M. Und so sind wir denn bloße Maschinen? Und Maschinen dürfen sich ihrer Leistung weder rühmen noch stolz auf sie sein, dürfen weder persönliches Verdienst noch Lob und Beifall für sich beanspruchen? Das ist eine infame Doktrin.

A. M. Es ist keine Doktrin, es ist lediglich eine Tatsache.

J. M. Ich nehme an, dann liegt auch kein größeres Verdienst darin, mutig zu sein, als darin, ein Feigling zu sein?

A. M. *Persönliches* Verdienst? Nein. Ein mutiger Mensch *erschafft* seinen Mut nicht selbst. Er hat kein Recht auf persönliche Anerkennung, nur weil er ihn besitzt. Sein Mut ist ihm angeboren. Ein Kind, das mit einer Milliarde Dollar zur Welt kommt – worin liegt sein persönliches Verdienst? Ein Kind, das mit nichts zur Welt kommt – worin liegt sein persönliches Unverdienst? Dem einen wird von Speichelleckern geschmeichelt, es wird bewundert und vergöttert, das andere wird vernachlässigt und verachtet – wo ist da der Sinn?

J. M. Manchmal stellt sich ein furchtsamer Mann die Aufgabe, seine Feigheit zu überwinden und mutig zu werden – und hat Erfolg. Was sagen Sie dazu?

A. M. Es zeigt den Wert *einer Schulung in die richtige Richtung gegenüber einer Schulung in die falsche Richtung.* Unschätzbar wertvoll sind Schulung, Beeinflussung, Erziehung in die richtige Richtung – *die Schulung der eigenen Selbstbilligung, um höherer Ideale willen.*

J. M. Aber was nun das Verdienst betrifft – das persönliche Verdienst des siegreichen Feiglings an seinem Vorhaben und an seinem Erfolg?

A. M. Es gibt keines. In den Augen der Welt ist er ein würdigerer Mann als zuvor, aber nicht *er* hat die Veränderung herbeigeführt – das Verdienst daran gebührt ihm nicht.

J. M. Wem dann?

A. M. Seiner *Machart* und den Einflüssen, die von außen auf ihn einwirkten.

J. M. Seiner Machart?

A. M. Ja. Zunächst einmal war er kein völliger und vollkommener Feigling, sonst hätten die Einflüsse nichts gehabt, worauf sie hätten einwirken können. Er hatte keine Angst vor einer Kuh, wiewohl vielleicht vor einem Stier; keine Angst vor einer Frau, aber vor einem anderen Mann. Es gab also etwas, worauf sich aufbauen ließ. Es gab ein *Samenkorn*. Ohne Samenkorn keine Pflanze. Hat er dieses Samenkorn selbst hervorgebracht, oder war es ihm angeboren? Es war nicht *sein* Verdienst, dass das Samenkorn bereits vorhanden war.

J. M. Immerhin war der Einfall, es zu *kultivieren*, der Vorsatz, es zu kultivieren, verdienstvoll, und den hat er hervorgebracht.

A. M. Er hat nichts dergleichen getan. Der Vorsatz kam von dort, woher *alle* Impulse, gute wie schlechte, kommen – *von außen*. Hätte dieser furchtsame Mann sein ganzes Leben in einer Gemeinschaft menschlicher Kaninchen verbracht; hätte er nie von mutigen Taten gelesen; hätte er nie von ihnen gehört; hätte er niemanden sie jemals loben oder Neid auf die Helden ausdrücken hören, die sie vollbracht hatten, so hätte er keine genauere Vorstellung von Mut gehabt als Adam von Schamhaftigkeit, und es wäre ihm niemals in den Sinn gekommen, den *Vorsatz* zu fassen, mutig zu sein. Er *konnte die Idee nicht hervorbringen* – sie musste *von außen* kommen. Und als er hörte, wie Mut gerühmt und Feigheit verhöhnt wurde, wurde er wachgerüttelt. Er war beschämt. Vielleicht rümpfte seine Liebste die Nase und sagte: »Ich höre, dass du ein Feigling bist!« Nicht *er* schlug ein neues Kapitel auf – sie tat es für ihn. *Er* darf sich in seinem Verdienst nicht sonnen – es steht ihm nicht zu.

J. M. Immerhin züchtete er die Pflanze heran, nachdem sie das Samenkorn gewässert hatte.

A. M. Nein. *Äußere Einflüsse* züchteten sie heran. Auf ein Kommando hin marschierte er – und zwar zitternd – ins Feld, gemeinsam mit anderen Soldaten und bei Tag, nicht allein und im Dunkeln. Er spürte den *Einfluss des guten Beispiels*, Mut schöpfte er aus dem Mut seiner Kameraden; er hatte Angst und wollte wegrennen, aber er wagte es nicht; er hatte *Angst* wegzurennen, da doch all diese Soldaten zuschauten. Er machte Fortschritte, verstehen Sie – die moralische Angst vor Scham hatte die körperliche Angst vor Schaden überwunden. Am Ende des Feldzugs wird ihn die Erfahrung gelehrt haben, dass nicht *alle*, die in die Schlacht ziehen, verwundet werden – ein äußerer Einfluss, der ihm nützlich sein wird; und er wird gelernt haben, wie süß es ist, ob seines Mutes gelobt und mit tränenerstickten Stimmen bejubelt zu werden, wenn das abgekämpfte Regiment mit wehenden Fahnen und wirbelnden Trommeln an der ehrfürchtigen Menge vorbeidefiliert. Danach wird er so verlässlich mutig sein wie nur irgendein Armeeveteran – und nirgendwo wird auch nur ein Hauch oder eine Andeutung von *persönlichem Verdienst* darin liegen; alles wird *von außen* gekommen sein. Das Victoria-Kreuz züchtet mehr Helden –

J. M. Zum Teufel, worin liegt der Sinn, mutig zu werden, wenn es nicht ihm als Verdienst angerechnet wird?

A. M. Ihre Frage wird sich gleich von selbst beantworten. Sie betrifft ein wichtiges Detail der Machart des Menschen, das wir noch nicht angesprochen haben.

J. M. Welches Detail ist das?

A. M. Der Antrieb, der einen Menschen dazu bewegt, Dinge zu tun – der einzige Antrieb, der einen Menschen jemals dazu bewegt, etwas zu tun.

J. M. Der *einzige*? Gibt es denn nur den einen?

A. M. Das ist alles. Es gibt nur den einen.

J. M. Nun, das ist freilich eine sonderbare Doktrin. Was ist der einzige Antrieb, der einen Menschen jemals dazu bewegt, etwas zu tun?

A. M. Der Antrieb, *den eigenen Geist zufriedenzustellen* – die *Notwendigkeit*, den eigenen Geist zufriedenzustellen und *seine Billigung zu erlangen*.

J. M. Ach, hören Sie doch auf, das reicht nicht!

A. M. Warum reicht das nicht?

J. M. Weil es ihm die Haltung aufnötigt, stets nach dem eigenen Behagen und nach dem eigenen Vorteil Ausschau zu halten; wohingegen ein uneigennütziger Mensch oft Dinge ausschließlich zum Wohle eines anderen Menschen tut, sogar wenn sie ihm selbst eindeutig zum Nachteil gereichen.

A. M. Das ist ein Irrtum. Die Tat muss ZUALLERERST *ihm selbst* guttun; andernfalls wird er sie nicht vollbringen. Zwar mag er *glauben*, dass er sie ausschließlich um des anderen willen vollbringt, doch dem ist nicht so; *zuallererst* stellt er seinen eigenen Geist zufrieden – der Nutzen für den anderen kommt immer an *zweiter* Stelle.

J. M. Was für eine phantastische Idee! Was wird aus der Selbstaufopferung? Bitte beantworten Sie mir das.

A. M. Was ist Selbstaufopferung?

J. M. Einem anderen Menschen etwas Gutes zu tun, ohne dass einem selbst auch nur der Hauch oder die Andeutung eines Nutzens daraus erwächst.

II

Der einzige Antrieb des Menschen: das Streben nach der eigenen Billigung

A. M. Glauben Sie, dafür hat es Beispiele gegeben?

J. M. *Beispiele?* Millionen von Beispielen!

A. M. Sie haben keine voreiligen Schlüsse gezogen? Sie haben die Beispiele untersucht – kritisch untersucht?

J. M. Sie bedürfen keiner Untersuchung; die Taten selbst offenbaren den glänzenden Antrieb, der dahintersteht.

A. M. Zum Beispiel?

J. M. Nun denn, zum Beispiel. Nehmen Sie einen Fall aus dem Buch hier. Der Mann wohnt drei Meilen stadtaufwärts. Es ist bitterkalt, es schneit heftig, es ist Mitternacht. Er ist im Begriff, in die Pferdebahn einzusteigen, als eine zerlumpte grauhaarige alte Frau, ein rührendes Bild des Elends, ihre magere Hand ausstreckt und um Rettung vor Hunger und Tod fleht. Der Mann stellt fest, dass er nur einen Vierteldollar in der Tasche hat, aber er zögert nicht. Er reicht ihn ihr und stapft zu Fuß durch den Sturm nach Hause. Da haben Sie's – die Tat ist edelmütig, sie ist schön; ihre Anmut wird durch keinen Fleck, keinen Makel und keine Andeutung von Eigeninteresse getrübt.

A. M. Wie kommen Sie darauf?

J. M. Worauf soll ich sonst kommen, bitteschön? Glauben Sie, es gibt eine andere Sichtweise?

A. M. Können Sie sich in den Mann hineinversetzen und mir sagen, was er fühlte und dachte?

J. M. Nichts leichter als das. Der Anblick des leidenden alten Gesichts durchbohrte sein großzügiges Herz mit scharfem Schmerz. Er konnte ihn nicht ertragen. Den drei Meilen langen Fußmarsch durch den Sturm konnte er ertragen, nicht aber die Qualen, die sein Gewissen erleiden würde, wenn er der armen alten Kreatur den Rücken kehrte und sie zugrunde gehen ließe. Allein bei dem Gedanken hätte er nicht schlafen können.

A. M. Wie war sein Gemütszustand auf dem Heimweg?

J. M. Es war ein Zustand der Freude, den nur derjenige kennt, der sich aufopfert. Sein Herz sang, den Sturm nahm er gar nicht wahr.

A. M. Schlief er gut?

J. M. Daran lässt sich nicht zweifeln.

A. M. Sehr gut. Nun wollen wir die Einzelheiten zusammenzählen und sehen, wie viel er für seine fünfundzwanzig Cent bekam. Versuchen wir, den *wahren* Grund für seine Investition herauszufinden. Zunächst einmal konnte *er* den Schmerz nicht ertragen, den das alte leidende Gesicht ihm bereitete. Also dachte er an *seinen* Schmerz – der gute Mann. Gegen diesen musste er eine Salbe kaufen. Wenn er der alten Frau nicht beistand, würde ihn auf dem gesamten Heimweg *sein* Gewissen quälen. Wieder dachte er an *seinen* Schmerz. Gegen diesen musste er ein Linderungsmittel kaufen. Wenn er der alten Frau nicht half, würde *er* keinen Schlaf finden. Er musste etwas Schlaf kaufen – noch immer dachte er an *sich*, verstehen Sie? Zusammenfassend lässt sich also sagen, dass er sich von einem scharfen Schmerz in seinem Herzen freikaufte, dass er sich von den Qualen eines schlechten Gewissens freikaufte, dass er eine ganze

Nacht Schlaf erkaufte – all das für fünfundzwanzig Cent! Das sollte die Wall Street beschämen. Auf dem Heimweg war sein Herz fröhlich, und es sang – Gewinn um Gewinn! Der Antrieb, der den Mann dazu bewog, der alten Frau beizustehen, bestand in *erster* Linie darin, *seinen eigenen Geist zufriedenzustellen*; und nur in zweiter darin, *ihr* Leiden zu lindern. Sind Sie der Meinung, dass die Handlungen der Menschen aus *einem* zentralen und beständigen und unveränderlichen Impuls hervorgehen oder aus einer Vielzahl von Impulsen?

J. M. Aus einer Vielzahl von Impulsen natürlich – einige davon hoch und schön und edel, andere nicht. Was ist Ihre Meinung?

A. M. Dass es nur *ein* Gesetz gibt, *eine* Quelle.

J. M. Dass sowohl die edelsten Impulse als auch die niedrigsten aus dieser einen Quelle hervorgehen?

A. M. Ja.

J. M. Wollen Sie dieses Gesetz in Worte fassen?

A. M. Ja. Dies ist das Gesetz, behalten Sie es gut im Gedächtnis. *Von der Wiege bis zur Bahre unternimmt ein Mensch nichts, was nicht* ZUVÖRDERST *einem einzigen Ziel dient* – SICH SELBST *inneren Frieden, seelisches Wohlbefinden zu sichern.*

J. M. Hören Sie doch auf! Nie tut er etwas für das Wohlbefinden eines anderen, sei es das seelische oder das körperliche?

A. M. Nein. *Außer unter dem einen Vorbehalt* – dass es *zuallererst* sein *eigenes* Wohlbefinden sichert. Andernfalls wird er es nicht tun.

J. M. Die Unrichtigkeit dieser Behauptung wird sich mühelos nachweisen lassen.

A. M. Zum Beispiel wie?

J. M. Nehmen Sie jene edle Leidenschaft, die Vaterlandsliebe, den Patriotismus. Ein Mann, der den Frieden liebt und den Schmerz fürchtet, verlässt sein komfortables Heim und seine weinende Familie und marschiert hinaus, um sich mannhaft Hunger und Kälte, Verwundung und Tod auszusetzen. Ist das ein Streben nach seelischem Wohlbefinden?

A. M. Er liebt den Frieden und fürchtet den Schmerz?

J. M. Ja.

A. M. Dann gibt es vielleicht etwas, das er *mehr* liebt als den Frieden – *die Billigung seiner Nachbarn und der Öffentlichkeit.* Und vielleicht gibt es etwas, das er mehr fürchtet als den Schmerz – die *Missbilligung* seiner Nachbarn und der Öffentlichkeit. Wenn er schamempfindlich ist, wird er ins Feld ziehen – nicht weil sein Geist sich dort *uneingeschränkt* wohlfühlt, sondern weil er sich dort wohler fühlt, als wenn er zu Hause bliebe. Er wird stets das tun, was ihm das *größtmögliche* seelische Wohlbefinden beschert – denn das ist *das einzige Gesetz seines Lebens.* Er lässt die weinende Familie zurück; es tut ihm leid, dass er ihr Unbehagen bereitet, aber doch nicht so leid, dass er sein *eigenes* Behagen opfert, um das ihre zu sichern.

J. M. Glauben Sie wirklich, dass allein die öffentliche Meinung einen furchtsamen und friedliebenden Mann dazu zwingen könnte –

A. M. In den Krieg zu ziehen? Ja – einige Männer kann die öffentliche Meinung dazu zwingen, *alles* zu tun.

J. M. *Alles?*

A. M. Ja – alles.

J. M. Das glaube ich nicht. Kann sie einen prinzipienfesten Menschen dazu zwingen, Unrecht zu tun?

A. M. Ja.

J. M. Kann sie einen gütigen Menschen dazu zwingen, etwas Grausames zu tun?

A. M. Ja.

J. M. Geben Sie mir ein Beispiel.

A. M. Alexander Hamilton[1] war ein auffallend prinzipientreuer Mann. Er hielt Duelle für falsch und für den Lehren der Religion widersprechend – aber mit Rücksicht auf die *öffentliche Meinung* trug er ein Duell aus. Er liebte seine Familie zutiefst, doch um die Billigung der Öffentlichkeit zu erkaufen, verließ er sie treulos und warf sein Leben weg; um in einer törichten Welt gut dazustehen, überließ er sie unnachsichtig lebenslangem Kummer. Angesichts der Auffassung von Ehre, die in der damaligen Öffentlichkeit vorherrschte, wäre ihm mit dem Stigma, den Kampf verweigert zu haben, nicht wohl gewesen. Die Lehren der Religion, die Hingabe an seine Familie, seine Herzensgüte, seine hohen Prinzipien, all das zählte nicht, wenn es seinem geistigen Wohlbefinden im Wege stand. Ein Mensch wird *alles* tun, was immer es ist, um sich *seelisches Wohlbefinden zu sichern*; und zu einer Handlung, die diesem Ziel nicht dient, wird er sich weder zwingen noch überreden lassen. Hamiltons Handlung wurde von der angeborenen Notwendigkeit erzwungen, seinen eigenen Geist zufriedenzustellen; darin ähnelte sie allen anderen Handlungen seines Lebens und allen Handlungen im Leben aller Menschen. Verstehen Sie, worin der Kern der Sache besteht? Ohne *seine eigene* Billigung kann ein Mensch sich nicht wohlfühlen. Er wird sich den größtmöglichen Anteil davon sichern, um jeden Preis, unter allen Opfern.

J. M. Eben noch sagten Sie, Hamilton habe das Duell ausgetragen, um die Billigung der *Öffentlichkeit* zu erlangen.

A. M. Das stimmt. Mit der Weigerung, das Duell auszutragen, hätte er sich die Billigung seiner Familie und einen hohen Anteil seiner eigenen Billigung gesichert; doch in seinen Augen war die Billigung der Öffentlichkeit wertvoller als alle anderen Billigungen zusammengenommen – sei es auf der Erde oder über ihr; sich die Billigung der Öffentlichkeit zu sichern verschaffte ihm das *größte* seelische Wohlbefinden, die höchste *Selbst*billigung; deshalb opferte er, um diese zu erlangen, alle anderen Werte.

J. M. Einige edle Seelen haben sich geweigert, Duelle auszutragen, und der öffentlichen Verachtung mannhaft getrotzt.

A. M. Sie handelten *nach ihrer Machart*. Sie schätzten ihre Prinzipien und die Billigung ihrer Familie *höher* als die Billigung der Öffentlichkeit. Sie nahmen, was sie *am höchsten* schätzten, und ließen alles Übrige fahren. Sie nahmen, was ihnen zum *größten* Anteil an *persönlicher Zufriedenheit und Billigung* verhalf – das tut ein Mensch *immer*. Die öffentliche Meinung kann diese Sorte Männer nicht zwingen, in den Krieg zu ziehen. Wenn sie in den Krieg ziehen, dann aus anderen Gründen. Aus anderen, den Geist zufriedenstellenden Gründen.

J. M. Stets aus den Geist zufriedenstellenden Gründen?

A. M. Es gibt keine anderen.

J. M. Wenn ein Mann sein Leben opfert, um ein kleines Kind aus einem brennenden Gebäude zu retten, wie nennen Sie das?

A. M. Tut er es, folgt er dem Gesetz *seiner* Machart. *Er* kann es nicht ertragen, das Kind in dieser Gefahr zu sehen (ein Mann anderer Machart *könnte* es), also versucht er, das Kind zu retten, und verliert dabei sein Leben. Aber er hat erlangt, wonach er gesucht hat – *seine eigene Billigung.*

J. M. Wie nennen Sie dann Liebe, Hass, Barmherzigkeit, Rachgier, Menschlichkeit, Großmut, Vergebung?

A. M. Unterschiedliche Resultate des einen vorherrschenden Antriebs: der Notwendigkeit, sich die eigene Selbstbilligung zu sichern. Sie tragen unterschiedliche Kleidung und sind unterschiedlichen Stimmungen unterworfen, doch als was sie sich auch maskieren, sie sind immer *dieselbe Person.* Um es anders auszudrücken, der *Zwang*, der einen Menschen antreibt – und es gibt nur den einen –, ist die Notwendigkeit, sich die Zufriedenheit des eigenen Geistes zu sichern. Endet diese, ist der Mensch tot.

J. M. Das ist Irrwitz. Liebe –

A. M. Ach, Liebe ist jener Antrieb, jenes Gesetz in seiner kompromisslosesten Form. Sie wird das Leben und alles andere auf ihr Objekt verschwenden. Nicht *primär* um des Objektes willen, sondern um *ihrer selbst* willen. Wenn ihr Objekt glücklich ist, ist *sie* glücklich – und das ist es, wonach sie unbewusst strebt.

J. M. Nicht einmal die erhabene und gütige Leidenschaft der Mutterliebe nehmen Sie davon aus?

A. M. Nein, *sie* ist die absolute Sklavin dieses Gesetzes. Die Mutter wird nackt gehen, um ihr Kind zu kleiden; sie wird Hunger leiden, damit es zu essen hat; Folter erdulden, um ihm Schmerz zu ersparen; sterben, damit es lebt. Sie *freut* sich daran, diese Opfer zu bringen. *Sie tut es für diesen Lohn* – Selbstbilligung, Behagen, Frieden, Trost. *Auch für Ihr Kind würde sie es tun,* ERHIELTE SIE DAFÜR DEN GLEICHEN LOHN.

J. M. Das ist eine teuflische Philosophie, die Sie da vertreten.

A. M. Das ist keine Philosophie, das ist eine Tatsache.

J. M. Natürlich müssen Sie zugeben, dass es einige Handlungen gibt, die –

A. M. Nein. Es gibt *keine* Handlung, ob groß oder klein, nobel oder gemein, die einem anderen Motiv entspränge als diesem einen – der Notwendigkeit, den eigenen Geist zu besänftigen und zufriedenzustellen.

J. M. Die Philanthropen der Welt –

A. M. Ich ehre sie, ich ziehe den Hut vor ihnen – aus Gewohnheit und aufgrund meiner Erziehung; doch könnten *sie* keinen Trost, kein Glück und keine Selbstbilligung finden, würden sie nicht für die Bedauernswerten tätig werden und für sie spenden. *Sie* macht es glücklich, andere glücklich zu sehen; und so erkaufen sie mit Geld und Anstrengung, wonach sie streben – *Glück, Selbstbilligung.* Weshalb verfahren Geizhälse nicht ebenso? Weil sie tausendmal glücklicher sind, wenn sie es *nicht* tun. Einen anderen Grund gibt es nicht. Sie folgen dem Gesetz ihrer Machart.

J. M. Was sagen Sie zur Pflicht um der Pflicht willen?

A. M. Dass *sie nicht existiert.* Pflichten werden nicht *um der Pflicht willen* erfüllt, sondern weil ihre Vernachlässigung dem betreffenden Menschen *Unbehagen* bereiten würde. Ein Mensch erfüllt nur *eine* Pflicht – die Pflicht, seinen Geist zufriedenzustellen, die Pflicht, sich selbst annehmbar zu werden. Kann er diese einzige und alleinige

Pflicht am zufriedenstellendsten dadurch erfüllen, dass er seinem Nächsten *hilft*, wird er dies tun; kann er sie am zufriedenstellendsten dadurch erfüllen, dass er seinen Nächsten *prellt*, wird er dies tun. Doch *zuallererst* hält er Ausschau nach der Nummer eins; Auswirkungen auf andere sind von *zweitrangiger* Bedeutung. Menschen geben vor, sich aufzuopfern, doch das ist eine Angelegenheit, die, im gewöhnlichen Sinne des Wortes, *weder existiert noch je existiert hat.* Oft *glaubt* ein Mensch in aller Aufrichtigkeit, er opfere sich einzig und allein für einen anderen, doch er täuscht sich; sein zugrundeliegender Antrieb ist es, einem Erfordernis seiner Natur und seiner Erziehung zu genügen und so Frieden für seine Seele zu erlangen.

J. M. Dann widmen offenbar alle Menschen, die guten wie die schlechten, ihr Leben der Beschwichtigung ihres Gewissens?

A. M. Ja. Das ist eine recht gute Bezeichnung dafür: Gewissen – jener unabhängige Souverän, jener anmaßende absolute Monarch im Inneren eines Menschen, der über diesen herrscht. Es gibt alle möglichen Arten von Gewissen, weil es alle möglichen Arten von Menschen gibt. Das Gewissen eines Attentäters wird auf eine Weise befriedigt, das eines Philanthropen auf eine andere, das eines Geizhalses auf eine dritte, das eines Einbrechers auf wieder eine andere. Als *Richtlinie* oder als *Anreiz* für eine verbindlich vorgeschriebene Moral oder Verhaltensweise (wobei wir *Erziehung* außer Acht lassen wollen) ist das Gewissen eines Menschen vollkommen wertlos. Ich kenne einen gutherzigen Mann aus Kentucky, dem es an Selbstbilligung fehlte – dessen Gewissen ihn plagte, um es präzise zu formulieren –, *weil er es versäumt hatte, einen anderen Mann zu töten*, einen Mann, den er nie gesehen hatte. Jener Fremde hatte den Freund des Mannes in einem Kampf getötet, und die Kentucky-Erziehung dieses Mannes machte es ihm zur Pflicht, deswegen den Fremden zu töten. Er vernachlässigte seine Pflicht – wich ihr aus, drückte sich vor ihr, schob sie auf die lange Bank, und sein unerbittliches Gewissen quälte ihn wegen dieses Verhaltens. Um innere Ruhe, Trost und Selbstbilligung zu erlangen, spürte er den Fremden schließlich auf und nahm ihm das Leben. Es war (gemäß der üblichen Definition) ein ungeheurer Akt der *Selbstaufopferung*, denn er wollte es nicht tun, und er hätte es nie getan, wenn er einen zufriedenen Geist und einen unbesorgten Verstand zu geringeren Kosten hätte erkaufen können. Aber wir sind so gemacht, dass wir für diese Zufriedenheit *alles* hingeben – sogar das Leben eines anderen Mannes.

J. M. Sie sprachen soeben von *geschultem* Gewissen. Sie meinen, dass wir mit einem Gewissen, das fähig wäre, uns richtig zu leiten, nicht *geboren* werden?

A. M. Wären wir es, so würden Kinder und Wilde Recht von Unrecht unterscheiden können und müssten es nicht erst beigebracht bekommen.

J. M. Aber ein Gewissen kann *geschult* werden?

A. M. Ja.

J. M. Natürlich von Eltern, Lehrern, der Kanzel und Büchern?

A. M. Ja – sie steuern ihren Teil dazu bei; sie tun, was sie können.

J. M. Und das Übrige wird beigesteuert von –

A. M. Oh, von einer Million unbemerkter Einflüsse – im Guten wie im Schlechten: Einflüsse, die ununterbrochen wirken, in jedem wachen Moment eines Menschenlebens, von der Wiege bis zur Bahre.

J. M. Sie haben sie tabellarisch aufgelistet?

A. M. Viele davon – ja.

J. M. Wollen Sie mir das Resultat vorlesen?

A. M. Ein andermal. Es würde eine Stunde in Anspruch nehmen.

J. M. Ein Gewissen kann geschult werden, das Böse zu meiden und das Gute zu bevorzugen?

A. M. Ja.

J. M. Aber es bevorzugt das Gute nur aus Gründen der Zufriedenstellung des Geistes?

A. M. Es *kann* nicht geschult werden, etwas aus irgendeinem *anderen* Grund zu tun. Das ist unmöglich.

J. M. Irgendwo in der Menschheitsgeschichte *muss* doch eine genuine zutiefst aufopferungsvolle Tat verzeichnet sein.

A. M. Sie sind jung. Sie haben noch viele Jahre vor sich. Finden Sie eine.

J. M. Mir scheint, wenn ein Mann einen Mitmenschen im Wasser strampeln sieht und unter Einsatz seines Lebens hineinspringt, um ihn zu retten –

A. M. Warten Sie. Beschreiben Sie den *Mann*. Beschreiben Sie den *Mitmenschen*. Geben Sie an, ob *Publikum* anwesend ist oder ob die beiden *allein* sind.

J. M. Was hat das mit der hochherzigen Tat zu tun?

A. M. Sehr viel. Wollen wir zunächst einmal annehmen, dass die beiden allein sind, an einem einsamen Ort, um Mitternacht?

J. M. Wenn Sie wollen.

A. M. Und dass der Mitmensch die Tochter des Mannes ist?

J. M. N-nein – nehmen Sie jemand anderen.

A. M. Dann also einen schmutzstarrenden, betrunkenen Raufbold?

J. M. Ich verstehe. Die Umstände verändern den Fall. Ich vermute, wenn es kein Publikum gäbe, das Zeuge der Tat wäre, würde der Mann sie nicht ausführen.

A. M. Aber hier und da gibt es einen Mann, der sie ausführen *würde*. Leute wie etwa der Mann, der sein Leben verlor, als er versuchte, das Kind aus dem Feuer zu retten; oder der Mann, der der bedürftigen alten Frau seine fünfundzwanzig Cent gab und zu Fuß durch den Sturm nach Hause ging – hier und da gibt es Männer, die das tun würden. Und warum? Weil sie es nicht *ertragen* könnten, einen Mitmenschen im Wasser strampeln zu sehen und nicht hineinzuspringen und ihm zu Hilfe zu eilen. Es würde *ihnen* Schmerz bereiten. Aus diesem Grund würden sie den Mitmenschen retten. *Andernfalls würden sie es nicht tun.* Sie halten sich streng an das Gesetz, auf dem ich beharrt habe. Daran müssen Sie denken und stets zwischen Menschen, die etwas *nicht ertragen* können, und solchen, die es *können*, unterscheiden. Das wird Licht auf eine Reihe scheinbar ›aufopferungsvoller‹ Fälle werfen.

J. M. Oje, das alles ist so ekelhaft.

A. M. Ja. Und so wahr.

J. M. Kommen Sie – nehmen Sie den braven Jungen, der etwas tut, das er gar nicht tun will, um seine Mutter zu erfreuen.

A. M. Sieben Zehntel der Tat führt er aus, weil es *ihn* erfreut, seine Mutter zu erfreuen. Kehren Sie das Verhältnis um, und der brave Junge würde die Tat nicht tun. Er *muss* dem ehernen Gesetz gehorchen. Niemand entrinnt ihm.

J. M. Nun, nehmen Sie den Fall eines bösen Jungen, der –

A. M. Sie brauchen es gar nicht erst zu erwähnen, es wäre Zeitverschwendung. Die Tat des bösen Jungen ist unwichtig. Was immer es war, er hatte einen Grund dafür: seinen Geist zufriedenzustellen. Oder Sie wurden falsch informiert, und er hat die Tat gar nicht begangen.

J. M. Es ist wirklich zum Verzweifeln. Vor einer Weile sagten Sie, das Gewissen eines Menschen sei kein geborener Richter über Moral und Verhalten, sondern müsse unterrichtet und geschult werden. Zwar glaube ich, dass ein Gewissen schläfrig und träge werden kann, aber ich glaube nicht, dass es sich irren kann; und wenn man es weckt –

Eine kleine Geschichte

A. M. Ich will Ihnen eine kleine Geschichte erzählen: Es war einmal ein Ungläubiger im Hause einer christlichen Witwe zu Gast, deren kleiner Junge krank und dem Tode nahe war. Der Ungläubige wachte oft am Bett des Jungen und unterhielt ihn mit Gesprächen, und er nutzte die Gelegenheit, um ein starkes Bedürfnis seiner Natur zu befriedigen – das Verlangen, das in uns allen steckt: die Verfassung anderer Menschen dadurch zu verbessern, dass wir sie dazu bringen, so zu denken wie wir. Es gelang ihm. Doch in seinen letzten Momenten machte der sterbende Junge ihm Vorwürfe und sagte:

»Ich hatte geglaubt und war glücklich in meinem Glauben; Sie aber haben mir meinen Glauben und meinen Trost genommen. Jetzt habe ich nichts mehr und werde elendig sterben; denn nichts von dem, was Sie mir gesagt haben, kann ersetzen, was ich verloren habe.«

Und auch die Mutter machte dem Ungläubigen Vorwürfe und sagte:

»Mein Kind ist für immer verloren, und es bricht mir das Herz. Wie konnten Sie etwas so Grausames tun? Wir haben Ihnen kein Leid zugefügt, sondern nichts als Freundlichkeit erwiesen; wir haben unser Haus zu Ihrem Heim gemacht, bei allem, was wir hatten, waren Sie willkommen, und das ist unser Lohn.«

Das Herz des Ungläubigen war erfüllt von Reue über das, was er getan hatte, und er sagte:

»Es war falsch – jetzt verstehe ich; aber ich habe nur versucht, ihm Gutes zu tun. In meinen Augen war er im Irrtum; es schien mir meine Pflicht zu sein, ihn die Wahrheit zu lehren.«

Daraufhin sagte die Mutter:

»Sein ganzes kurzes Leben langhatte ich ihn gelehrt, was ich für die Wahrheit hielt, und wir waren beide glücklich in seinem Glauben. Jetzt ist er tot – und verloren; und ich bin elend. Unser Glaube ist durch Jahrhunderte gläubiger Vorfahren auf uns gekommen; welches Recht hatten Sie oder irgendjemand, ihn zu erschüttern? Wo war Ihr Ehrgefühl, wo war Ihr Schamgefühl?«

J. M. Er war ein Missetäter und hat den Tod verdient!

A. M. Das dachte auch er und sprach es aus.

J. M. Ah – Sie sehen, *sein Gewissen war erwacht*!

A. M. Ja – seine Selbstmissbilligung. Es *schmerzte* ihn, die

Mutter leiden zu sehen. Er bedauerte, dass er etwas getan hatte, das *ihm* Schmerz bereitete. Als er den Jungen Falsches lehrte, war ihm gar nicht in den Sinn gekommen, an die Mutter zu denken, denn er war darin vertieft, sich selbst *Genugtuung* zu verschaffen. Und die verschaffte er sich, indem er dem Ruf der Pflicht folgte, oder was er dafür hielt.

J. M. Nennen Sie es, wie Sie wollen, für mich ist es ein Fall *erwachten Gewissens.* Das einmal erwachte Gewissen würde nie wieder in derartige Schwierigkeiten geraten. Eine Heilung wie diese ist eine *dauerhafte* Heilung.

A. M. Verzeihen Sie – ich habe die Geschichte noch nicht zu Ende erzählt. Wir sind Geschöpfe *äußerer Einflüsse – nichts* entspringt unserem Inneren. Immer wenn wir einem neuen Gedankengang folgen, eine neue Glaubens- oder Handlungsrichtung einschlagen, erfolgt der Anstoß *stets von außen.* Die Reue quälte den Ungläubigen so sehr, dass sie seine Härte gegenüber der Religion des Jungen auflöste und ihn dazu brachte, sie mit Toleranz und danach, dem Jungen und seiner Mutter zuliebe, mit Wohlwollen zu betrachten. Schließlich unterzog er sie einer Prüfung. Von diesem Augenblick an machte er stetige und rasche Fortschritte in die neue Richtung. Er wurde gläubiger Christ. Und nun war seine Reue darüber, dass er dem sterbenden Jungen seinen Glauben und sein Seelenheil geraubt hatte, bitterer denn je. Sie ließ ihm keine Ruhe, keinen Frieden. Er *brauchte* Ruhe und Frieden – das ist das Gesetz unserer Natur. Offenbar gab es nur einen Ausweg; er musste sich der Rettung gefährdeter Seelen widmen. Er wurde Missionar. Krank und hilflos gelangte er in ein heidnisches Land. Eine eingeborene Witwe nahm ihn in ihr bescheidenes Heim auf und pflegte ihn gesund. Dann aber erkrankte ihr kleiner Junge hoffnungslos, und der dankbare Missionar half ihr, ihn zu pflegen. Nun bot sich ihm zum ersten Mal die Gelegenheit, einen Teil des Unrechts, das er dem anderen Jungen angetan hatte, dadurch wiedergutzumachen, dass er dem jetzigen einen kostbaren Dienst erwies, indem er seinen törichten Glauben an seine falschen Götter untergrub. Es gelang ihm. Doch in seinen letzten Momenten machte der sterbende Junge ihm Vorwürfe und sagte:

»Ich hatte geglaubt und war glücklich in meinem Glauben; Sie aber haben mir meinen Glauben und meinen Trost genommen. Jetzt habe ich nichts mehr und werde elendig sterben; denn nichts von dem, was Sie mir gesagt haben, kann ersetzen, was ich verloren habe.«

Und auch die Mutter machte dem Missionar Vorwürfe und sagte:

»Mein Kind ist für immer verloren, und es bricht mir das Herz. Wie konnten Sie etwas so Grausames tun? Wir haben Ihnen kein Leid zugefügt, sondern nichts als Freundlichkeit erwiesen; wir haben unser Haus zu Ihrem Heim gemacht, bei allem, was wir hatten, waren Sie willkommen, und das ist unser Lohn.«

Das Herz des Missionars war erfüllt von Reue über das, was er getan hatte, und er sagte:

»Es war falsch – jetzt verstehe ich; aber ich habe nur versucht, ihm Gutes zu tun. In meinen Augen war er im Irrtum; es schien mir meine Pflicht zu sein, ihn die Wahrheit zu lehren.«

Daraufhin sagte die Mutter:

»Sein ganzes kurzes Leben lang hatte ich ihn gelehrt, was ich für die Wahrheit hielt, und wir waren beide glücklich in seinem Glauben. Jetzt ist er tot – und verloren; und ich bin elend. Unser Glaube ist durch Jahrhunderte gläubiger Vorfahren auf uns gekommen; welches Recht hatten Sie oder irgendjemand, ihn zu erschüttern? Wo war Ihr Ehrgefühl, wo war Ihr Schamgefühl?«

Jetzt waren die Qual der Reue und das Gefühl des Verrats für den Missionar genauso bitter und hartnäckig und unabweisbar wie im ersten Fall. Die Geschichte ist zu Ende. Wie lautet Ihr Kommentar?

J. M. Das Gewissen des Mannes war töricht! Es war krank. Es konnte Recht nicht von Unrecht unterscheiden.

A. M. Es tut mir nicht leid, Sie dies sagen zu hören. Wenn Sie einräumen, dass das Gewissen *eines* Menschen Recht nicht von Unrecht unterscheiden kann, so ist dies ein Eingeständnis, dass es um andere Gewissen ebenso bestellt ist. Dieses eine Eingeständnis bringt die gesamte Doktrin der Unfehlbarkeit des Gewissensurteils zum Einsturz. Derweil gibt es eine Sache, die ich Sie bitte, zur Kenntnis zu nehmen.

J. M. Und die wäre?

A. M. Dass in beiden Fällen die *Handlung* des Mannes ihm kein seelisches Unbehagen bereitete, dass er mit ihr recht zufrieden war und Vergnügen aus ihr zog. Hinterher jedoch, als sie zu *Schmerz* bei *ihm* führte, tat sie ihm leid. Es tat ihm leid, dass er den anderen Schmerz zugefügt hatte, *jedoch aus keinem anderen Grund unter der Sonne, als dass ihr Schmerz* IHM *Schmerz* bereitete. Unser Gewissen nimmt *keine* Notiz von dem Schmerz, der anderen zugefügt wird, bis es so weit kommt, dass er *uns*

Schmerz bereitet. In *allen* Fällen ohne Ausnahme sind wir dem Schmerz eines anderen Menschen gegenüber schlechthin gleichgültig, bis sein Leiden *uns* Unbehagen bereitet. So mancher Ungläubige wäre von der Not der christlichen Mutter nicht beunruhigt gewesen. Glauben Sie nicht?

J. M. Doch. Ich denke, das könnte man von fast jedem *durchschnittlichen* Ungläubigen sagen.

A. M. Und so mancher Missionar, von seinem Pflichtbewusstsein strengstens bestärkt, wäre von der Not der heidnischen Mutter nicht beunruhigt gewesen – jesuitische Missionare in den Anfangszeiten der Franzosen in Kanada zum Beispiel; siehe die Episoden, die Parkman[2] anführt.

J. M. Nun, lassen wir das auf sich beruhen. Wo waren wir stehen geblieben?

A. M. Hier. Dass wir (die Menschheit) uns mit einer Reihe von Eigenschaften belegt haben, denen wir irreführende Namen geben: Liebe, Hass, Barmherzigkeit, Mitgefühl, Habgier, Mildtätigkeit und so fort. Ich meine, dass wir den Namen irreführende *Bedeutungen* zuordnen. Sie alle sind Formen der Selbstzufriedenheit, der Selbstbelohnung, doch die Namen verschleiern sie so sehr, dass sie unser Augenmerk von den Tatsachen ablenken. Außerdem haben wir ein Wort ins Wörterbuch geschmuggelt, das dort überhaupt nicht verzeichnet sein sollte – Selbstaufopferung. Es beschreibt eine Sache, die es nicht gibt. Das Schlimmste aber ist, dass wir den einzigen Antrieb ignorieren und unerwähnt lassen, der jede Handlung eines Menschen vorschreibt und erzwingt: die gebieterische Notwendigkeit, sich in jeder Notlage und um jeden Preis die eigene Billigung zu sichern. Ihm verdanken wir alles, was wir sind. Er ist unser Atem, unser Herz, unser Blut. Er ist unser Sporn, unsere Peitsche, unser Stachelstock, die einzige treibende Kraft; eine andere haben wir nicht. Ohne ihn wären wir nur träge Schatten, Leichen; niemand würde irgendetwas tun, es gäbe keinen Fortschritt, die Welt würde stillstehen. Wenn der Name dieser ungeheuren Kraft fällt, sollten wir ehrfurchtsvoll stehen bleiben und den Hut ziehen.

J. M. Ich bin nicht überzeugt.

A. M. Sie werden es sein, wenn Sie nachdenken.

III

Einschlägige Beispiele

A. M. Haben Sie seit unserem Gespräch über das Evangelium der Selbstbilligung nachgedacht?

J. M. Ja.

A. M. Ich war es, der Sie dazu bewogen hat. Will sagen, ein *äußerer Einfluss* hat Sie dazu bewogen – nicht einer, der in Ihrem Kopf entstanden ist. Wollen Sie sich das bitte merken und es nicht vergessen?

J. M. Ja. Warum?

A. M. Weil ich Ihnen in einem unserer Gespräche irgendwann einschärfen möchte, dass niemand, weder Sie noch ich noch sonst irgendein Mensch, jemals einen Gedanken im eigenen Kopf hervorgebracht hat. *Wer einen Gedanken äußert, äußert stets einen Gedanken aus zweiter Hand.*

J. M. Also wirklich –

A. M. Warten Sie. Stellen Sie Ihre Bemerkung zurück, bis wir zu diesem Teil unserer Diskussion kommen – sagen wir, morgen oder übermorgen. Nun denn, haben Sie über die These nachgedacht, dass eine Handlung niemals aus einem anderen als einem das Selbst zufriedenstellenden Antrieb hervorgeht – jedenfalls nicht vorrangig? Sie haben gesucht. Was haben Sie gefunden?

J. M. Ich hatte nicht viel Glück. Ich habe viele schöne und allem Anschein nach aufopferungsvolle Taten in Liebesromanen und Biographien untersucht, aber –

A. M. Nach gründlicher Analyse hat sich die vermeintliche Selbstaufopferung verflüchtigt? Natürlich tut sie das.

J. M. Aber hier in diesem Roman kommt eine Tat vor, die mir vielversprechend zu sein scheint. In einem Holzfällerlager in den Wäldern von Adirondack lebt ein Lohnempfänger, ein tief religiöser Laienprediger von edlem Charakter. Aus den New Yorker Elendsvierteln kommt ein ernster und praktisch veranlagter Arbeiter im Urlaub dorthin – er ist Vorsitzender einer Sektion der University Settlement Society.[3] Holme, der Holzfäller, ist von dem Wunsch beseelt, seine ausgezeichneten weltlichen Aussichten über Bord zu werfen, zur East Side zu ziehen und Seelen zu retten. Er hält es für ein Glück, dieses Opfer zum Ruhme Gottes und für die Sache Christi darzubringen. Er kündigt seine Stelle, bringt vergnügt das Opfer dar, begibt sich zur East Side und predigt kleinen Gruppen halb zivilisierter armer Einwanderer jeden Tag und jede Nacht den gekreuzigten Christus. Sie verspotten ihn. Doch er frohlockt über ihren Spott, da er ihn um der großen Sache Christi willen erleidet. Sie haben mich so mit Argwohn erfüllt, dass ich ständig damit rechnete, einen fragwürdigen verborgenen Antrieb hinter alledem zu finden, aber ich bin dankbar, sagen zu können, dass es mir nicht gelungen ist. Dieser Mann sah seine Pflicht, und *um der Pflicht willen* opferte er sich auf und nahm die damit verbundene Bürde auf sich.

A. M. So weit sind Sie in Ihrer Lektüre gekommen?

J. M. Ja.

A. M. Dann lassen Sie uns gleich weiterlesen. Vorerst aber die Frage: Indem er sich opferte – *nicht*, wie *er* sich einbildete, *zuvörderst* zum Ruhme Gottes, sondern *zuallererst*, um jenen anspruchsvollen und unbeugsamen Herrn und Gebieter in sich zufriedenzustellen –, *opferte er sonst noch jemanden*?

J. M. Wie meinen Sie das?

A. M. Er gab eine einträgliche Stelle auf und erhielt stattdessen lediglich Kost und Logis. Hatte er Familienangehörige?

J. M. Nun – ja.

A. M. Auf welche Weise und in welchem Ausmaß wirkte sich seine Selbstaufopferung auf *sie* aus?

J. M. Er war die Stütze eines betagten Vaters. Er hatte eine jüngere Schwester mit einer bemerkenswerten Stimme – er ließ ihr eine musikalische Ausbildung zukommen, damit ihr Wunsch, sich ihren Lebensunterhalt selbst zu verdienen, in Erfüllung gehe. Er stellte das Geld zur Verfügung, um einen jüngeren Bruder auf eine polytechnische Schule zu schicken und ihm den Wunsch zu erfüllen, Bauingenieur zu werden.

A. M. Die Annehmlichkeiten des alten Vaters wurden nunmehr eingeschränkt?

J. M. Ziemlich einschneidend. Ja.

A. M. Die Schwester musste ihren Musikunterricht an den Nagel hängen?

J. M. Ja.

A. M. Die Ausbildung des jüngeren Bruders – nun, ein alles vernichtender Pesthauch legte sich auf diesen glücklichen Traum, und um den alten Vater zu unterstützen, musste er Holz sägen oder etwas in dieser Art?

J. M. So in etwa geschah es. Ja.

A. M. Eine saubere Selbstaufopferung! Mir scheint, er opferte jeden anderen, *nur* nicht sich selbst. Habe ich Ihnen nicht gesagt, dass kein Mensch sich *jemals* selbst opfert;

dass nirgendwo auch nur ein Beispiel dafür aufgezeichnet ist; und dass, wenn der innere Monarch eines Menschen von seinem Sklaven etwas verlangt, sei es zu seiner *vorübergehenden* oder zu seiner *dauerhaften* Zufriedenheit, dieses Etwas herbeigeschafft und diesem Befehl Folge geleistet werden muss und werden wird, unabhängig davon, wer im Weg steht und deswegen Unheil erleidet? Dieser Mann *ruinierte seine Familie*, um seinen inneren Monarchen zu erfreuen und zufriedenzustellen –

J. M. Und um der Sache Christi zu helfen.

A. M. Ja – in *zweiter* Linie. Nicht in erster Linie. *Er* glaubte, es geschehe in erster Linie.

J. M. Na schön, ganz wie Sie wollen. Aber vielleicht argumentierte er ja, dass, wenn er in New York hundert Seelen retten würde –

A. M. – die Aufopferung der *Familie* gerechtfertigt wäre angesichts des großen Gewinns aus der – aus der – wie wollen wir es nennen?

J. M. Aus der Investition?

A. M. Schwerlich. Wie sollte *Spekulation* genügen? Wie sollte *Hasardspiel* genügen? Kein einziger Seelenfang war garantiert. Er setzte auf einen möglichen Gewinn von 3300 Prozent. Es war ein *Glücksspiel* – mit seinen Familienangehörigen als ›Jetons‹. Aber lassen Sie uns schauen, wie das Spiel ausging. Vielleicht können wir dem geheimen Ursprungsimpuls auf die Spur kommen, dem *wirklichen* Impuls, der ihn dazu bewog, seine Familie so edelmütig für die Sache des Erlösers zu opfern, in dem Aberglauben, er opfere sich selbst. Ich werde ein Kapitel oder so lesen … Hier haben wir's! Früher oder später musste er sich selbst entlarven. Eine Zeit lang predigte er dem Gesindel der East Side, dann kehrte er in sein altes, langweiliges, unbedeutendes Leben im Holzfällerlager zurück, »gekränkt bis ins Herz, sein Stolz gedemütigt«. Und warum? Waren seine Anstrengungen in den Augen des Erlösers, für den allein sie unternommen wurden, nicht akzeptabel? Du liebe Güte, dieses Detail wird *vollkommen übersehen*, es wird nicht einmal erwähnt, die Tatsache, dass dies das Ausgangsmotiv war, ist völlig vergessen! Worin besteht dann das Problem? Die Autorin gibt die Sache ganz unschuldig und unbewusst preis. Das Problem ist dieses: Der Mann hatte den Armen nur *gepredigt*; das entspricht nicht dem Vorgehen der University Settlement Society; sie befasst sich mit größeren und besseren Dingen und war von dieser groben Heilsarmee-Beredsamkeit gar nicht angetan. Holme gegenüber war sie zwar höflich – aber kühl. Sie hätschelte ihn nicht, schloss ihn nicht in die Arme. »*Verflogen waren alle seine Träume von Auszeichnung, Lob und dankbarer Billigung durch* –« Durch wen? Den Erlöser? Nein; der Erlöser wird gar nicht erwähnt. Durch wen dann? Durch »*seine Arbeitskollegen*«. Weshalb war er darauf angewiesen? Weil der Herr und Gebieter in ihm es wollte und andernfalls nicht zufrieden wäre. Der oben zitierte kursivierte Satz enthüllt das Geheimnis, nach dem wir gesucht haben, den Urprungsimpuls, den *wirklichen* Impuls, der den unbedeutenden und unbeachteten Holzfäller in den Adirondack Mountains dazu bewog, seine Familie zu opfern und den Kreuzzug in der East Side zu führen – und besagter Ursprungsimpuls war dieser: Ohne es zu wissen, *begab er sich deswegen dorthin, um einer pflichtvergessenen Welt das große Talent zu beweisen, das in ihm schlummerte, und sich auszuzeichnen.* Ich hatte Sie bereits gewarnt: *Keine* Handlung entspringt einem anderen als diesem einen Gesetz, diesem einen Motiv. Aber ich bitte Sie, akzeptieren Sie dieses Gesetz nicht, nur weil ich es sage; prüfen Sie es vielmehr sorgfältig selbst. Wann immer Sie von einer aufopferungsvollen Handlung lesen oder hören oder von einer Pflicht, die *um der Pflicht willen* erfüllt wurde, zerlegen Sie sie in ihre Bestandteile und suchen Sie nach dem *wahren* Motiv. Das ist immer vorhanden.

J. M. Das tue ich jeden Tag. Ich kann gar nicht anders, nun da ich mich auf diese ärgerliche und entwürdigende Suche begeben habe. Denn sie ist abscheulich interessant! – ja, das richtige Wort lautet ›faszinierend‹. Kaum stoße ich in einem Buch auf eine gute Tat, muss ich innehalten, sie in ihre Bestandteile zerlegen und sie untersuchen, ich kann mir nicht helfen.

A. M. Haben Sie jemals eine gefunden, die der Regel widersprach?

J. M. Nein – zumindest noch nicht. Aber nehmen Sie folgenden Fall: das Trinkgeld[4] für Bedienstete in Europa. Für die Dienstleistung bezahlen Sie das *Hotel*; den Bediensteten schulden Sie *nichts*, und doch entlohnen Sie sie zusätzlich. Widerspricht das nicht der Regel?

A. M. Inwiefern?

J. M. Sie sind nicht *verpflichtet*, Trinkgeld zu geben, daher ist Mitgefühl für die Arbeitsbedingungen der schlecht entlohnten Bediensteten die Quelle und –

A. M. Hat dieser Brauch Sie jemals gestört, verärgert, irritiert?

J. M. Freilich.

A. M. Sind Sie ihm trotzdem gefolgt?

J. M. Natürlich.

A. M. Wieso natürlich?

J. M. Nun, ein Brauch ist auf gewisse Weise Gesetz, und Gesetzen muss man sich unterwerfen – das erkennt jeder für seine *Pflicht* an.

A. M. Dann entrichten Sie den lästigen Zuschlag also um der *Pflicht* willen?

J. M. Ich vermute, darauf läuft es hinaus.

A. M. Dann ist der Antrieb, der Sie dazu bewegt, sich dem Zuschlag zu unterwerfen, nicht einfach *nur* Mitgefühl, Barmherzigkeit, Mildtätigkeit?

J. M. Nun – vielleicht nicht.

A. M. Ist er *irgendetwas* davon?

J. M. Ich – vielleicht war ich bei der Bestimmung der Quelle zu voreilig.

A. M. Vielleicht. Falls Sie den Brauch ignorieren, würden Ihnen die Bediensteten dann einen prompten und effizienten Service bieten?

J. M. Ach, Sie sollten sich reden hören! Diese europäischen Bediensteten? Die würden einem überhaupt keinen nennenswerten Service bieten.

A. M. Könnte *das* nicht als Antrieb funktionieren, um Sie zur Zahlung des Aufschlags zu bewegen?

J. M. Ich will es nicht leugnen.

A. M. Offenbar handelt es sich also um einen Fall von *um der Pflicht willen*, dem ein wenig Eigeninteresse hinzugefügt wurde?

J. M. Ja, es sieht ganz danach aus. Aber noch etwas: Wir zahlen den Aufschlag in dem Wissen, dass er ungerecht und eine Erpressung ist; dennoch gehen wir mit einem

Stich im Herzen davon, wenn wir glauben, den armen Kerlen gegenüber knauserig gewesen zu sein; und wir wünschen uns von Herzen, wir könnten umkehren, um das Richtige zu tun, und *mehr* als das Richtige, das *Großzügige*. Es dürfte Ihnen schwerfallen, in diesem Impuls auch nur *einen* Gedanken an das eigene Selbst zu entdecken.

A. M. Ich frage mich, weshalb Sie dieser Ansicht sind. Wenn Sie in der Rechnung des *Hotels* einen Bedienungszuschlag entdecken, ärgert Sie das?

J. M. Nein.

A. M. Beschweren Sie sich jemals über die Höhe des Betrags?

J. M. Nein, das käme mir nicht in den Sinn.

A. M. Dann ist also nicht die *Aufwendung* das ärgerliche Detail. Es handelt sich um eine feste Gebühr, und Sie zahlen sie gern, Sie zahlen sie ohne Murren. Wenn es darum geht, die Bediensteten zu entlohnen, würde es Ihnen gefallen, wenn jeder der Hausdiener und jedes der Zimmermädchen eine feste Gebühr erheben würde?

J. M. Würde es mir gefallen? Ich würde frohlocken!

A. M. Selbst wenn der feste Zuschlag etwas *höher* ausfiele, als Sie in Form von Trinkgeld bis dahin üblicherweise gezahlt haben?

J. M. In der Tat, ja!

A. M. Nun gut. So wie ich es verstehe, ist es weder Mitleid noch Pflichtgefühl, was Sie dazu bewegt, den Zuschlag zu zahlen, und es ist auch nicht die *Höhe* des Zuschlags, die Sie ärgert. *Etwas* aber ärgert Sie. Was ist es?

J. M. Nun, das Problem ist, dass man nie weiß, *was* man zahlen soll, so sehr schwankt der Zuschlag überall in Europa.

A. M. Sie müssen also raten?

J. M. Es gibt keine andere Möglichkeit. Man denkt nach und denkt wieder nach und kalkuliert und schätzt und berät sich mit anderen Leuten und holt deren Meinung ein; und das verdirbt einem den Schlaf bei Nacht und bekümmert einen bei Tag, und während man vorgibt, die Sehenswürdigkeiten anzuschauen, rät und rätselt man nur die ganze Zeit und ist besorgt und unglücklich.

A. M. Und das alles wegen eines Betrags, den Sie gar nicht schulden und den Sie gar nicht entrichten müssen, es sei denn, Sie wollen es! Seltsam. Was ist der Zweck all des Rätselns?

J. M. Zu erraten, welcher Betrag angemessen ist, und gegenüber keinem von ihnen unfair zu sein.

A. M. Das mutet recht edelmütig an – sich solche Mühe zu machen und so viel wertvolle Zeit zu verschwenden, nur um einem armen Bediensteten gegenüber, dem man nichts schuldet, der jedoch Geld benötigt und schlecht entlohnt wird, gerecht und fair zu sein.

J. M. Sollte sich ein unfreundliches Motiv dahinter verbergen, dürfte es schwer aufzuspüren sein.

A. M. Woher wissen Sie, dass Sie einen Bediensteten nicht gerecht entlohnt haben?

J. M. Nun, er schweigt; er dankt Ihnen nicht. Manchmal wirft er Ihnen einen Blick zu, der Sie beschämt. Sie sind zu stolz, um Ihren Fehler an Ort und Stelle zu korrigieren, wo die Leute Sie im Auge haben, aber hinterher wünschen Sie immer wieder, Sie *hätten* es getan. Meine Güte, die Scham und der Schmerz! Manchmal erkennen Sie an gewissen Zeichen, dass Sie es *genau richtig* getroffen haben, und gehen überaus befriedigt davon. Manchmal ist der Mann so überschwänglich dankbar, dass Sie wissen, Sie haben ihm erheblich *mehr* gegeben, als nötig gewesen wäre.

A. M. *Nötig?* Nötig wofür?

J. M. Um ihn zufriedenzustellen.

A. M. Wie fühlen Sie sich *dann*?

J. M. Reumütig.

A. M. Meine Meinung ist, dass Sie sich *nicht* damit beschäftigt haben, zu erraten, was ihm gerechterweise zusteht, sondern nur damit, zu berechnen, was ihn *zufriedenstellen* würde. Und ich glaube, dass Sie dafür einen Grund haben, mit dem Sie sich selbst täuschen wollen.

J. M. Und der wäre?

A. M. Wenn Sie hinter seinen Erwartungen und Wünschen zurückblieben, würden er Ihnen einen Blick zuwerfen, der Sie *vor allen Leuten beschämen* würde. Es würde Ihnen *Schmerz* bereiten. *Ihnen* – denn Sie arbeiten nur für sich, nicht für *ihn*. Wenn Sie ihm zu viel gäben, würden Sie *sich selbst beschämen*, und das würde *Ihnen* Schmerz bereiten – ein weiterer Fall, bei dem Sie an *sich selbst* denken, *sich selbst* schützen und *sich selbst vor Unbehagen retten*. Kein einziges Mal denken Sie an den Bediensteten – außer um zu erraten, wie Sie *seine Billigung* erlangen. Erhalten Sie diese, erhalten Sie Ihre *eigene* Billigung, und die ist das Einzige und Alleinige, wonach Sie streben. Dann ist der Herr und Gebieter in Ihnen befriedigt, zufriedengestellt, getröstet; bei dem ganzen Vorgang stand, als Sache von *vorrangigem* Interesse, *nichts anderes* auf dem Spiel.

Weitere Beispiele

J. M. Nun, wenn man sich das vorstellt: Selbstaufopferung für andere, die erhabenste Eigenschaft des Menschen, ausgeschlossen! Nicht existent!

A. M. Beschuldigen Sie mich, das gesagt zu haben?

J. M. Ja, natürlich.

A. M. Ich habe nichts dergleichen gesagt.

J. M. Was haben Sie dann gesagt?

A. M. Dass sich kein Mensch jemals in der gewöhnlichen Bedeutung dieses Wortes aufgeopfert hat – das heißt, Selbstaufopferung *allein* für einen anderen. Tagtäglich bringen Menschen Opfer für andere, aber *zuallererst um ihrer selbst willen.* Die Handlung muss *zuallererst* ihren eigenen Geist zufriedenstellen. Die anderen Nutznießer kommen an zweiter Stelle.

J. M. Und dasselbe gilt für die Pflicht um der Pflicht willen?

A. M. Ja. Kein Mensch erfüllt eine Pflicht allein um der Pflicht willen; die Handlung muss *zuallererst* seinen Geist zufriedenstellen. Er muss sich besser fühlen, wenn er die Pflicht *erfüllt*, als wenn er sich vor ihr drückt. Andernfalls wird er sie nicht erfüllen.

J. M. Nehmen wir den Fall der *Berkeley Castle.*

A. M. Es war eine edle Pflicht, großartig erfüllt. Zerlegen Sie sie in ihre Bestandteile und untersuchen Sie sie, wenn Sie wollen.

J. M. Ein mit Soldaten, ihren Frauen und Kindern überfüllter britischer Truppentransporter. Er stieß gegen einen Felsen und begann zu sinken. In den Rettungsbooten war nur für die Frauen und die Kinder Platz. Der Kapitän ließ sein Regiment an Deck Aufstellung nehmen und sagte: »Es ist unsere Pflicht zu sterben, auf dass sie gerettet werden.« Es gab kein Murren, keinen Protest. Die Rettungsboote trugen die Frauen und die Kinder davon. Als der Moment des Todes gekommen war, nahmen der Kapitän und seine Offiziere ihre Posten ein, die Männer standen mit geschulterten Gewehren stramm, und so gingen sie mit wehenden Fahnen und wirbelnden Trommeln unter wie bei einer Parade in Galauniform, ein Opfer, das der Pflicht um der Pflicht willen gebracht wurde. Können Sie es als etwas anderes betrachten?

A. M. So war es – schön und erhaben. Hätten Sie in Reih und Glied ausharren und auf ebenso unerschrockene Weise in den Tod gehen können?

J. M. Ich? Nein.

A. M. Denken Sie nach. Stellen Sie sich vor, Sie wären dort, und das unheilvolle Wasser um Sie her stiege immer höher.

J. M. Ich kann's mir vorstellen. Ich spüre den Schrecken. Ich hätte es nicht ertragen können, ich hätte an meinem Platz nicht ausharren können. Das weiß ich.

A. M. Warum nicht?

J. M. Da gibt es kein Warum: Ich kenne mich und weiß, dass ich es nicht *tun* könnte.

A. M. Aber es wäre Ihre *Pflicht*, es zu tun.

J. M. Ja, ich weiß – aber ich könnte es nicht.

A. M. Es waren mehr als tausend Männer, und doch hat keiner von ihnen geschwankt. Einige von ihnen müssen mit Ihrem Temperament geboren worden sein; wenn sie diese große Pflicht *um der Pflicht willen* erfüllen konnten, warum dann nicht auch Sie? Wissen Sie nicht, dass man hinausgehen, tausend Büroangestellte und Mechaniker versammeln, sie auf dem Deck Aufstellung nehmen lassen und sie bitten könnte, um der Pflicht willen zu sterben, und dass nicht zwei Dutzend von ihnen bis zum Ende in Reih und Glied ausharren würden?

J. M. Ja, das weiß ich.

A. M. Aber *schulte* man sie und ließe sie an ein oder zwei Feldzügen teilnehmen; dann wären sie Soldaten; Soldaten mit dem Stolz eines Soldaten, der Selbstachtung eines Soldaten, den Idealen eines Soldaten. Dann müssten sie den Geist eines *Soldaten* zufriedenstellen, nicht den eines Büroangestellten, nicht den eines Mechanikers. Sie könnten diesen Geist nicht zufriedenstellen, indem sie sich vor der Pflicht eines Soldaten drücken, oder?

J. M. Vermutlich nicht.

A. M. Dann würden sie die Pflicht nicht *um der Pflicht willen* erfüllen, sondern in erster Linie *um ihrer selbst willen*. Die *Pflicht* war *dieselbe* und ebenso dringend geboten, ob sie nun Büroangestellte, Mechaniker oder frische Rekruten waren, aber nicht deswegen kamen sie ihr nach. Als Büroangestellte und Mechaniker hatten sie andere Ideale, einen anderen Geist, den es zufriedenzustellen galt, und sie stellten ihn zufrieden. Sie *mussten* es tun; das ist das Gesetz. *Schulung* ist sehr mächtig. Die Schulung zu immer höheren und noch höheren Idealen ist die Gedanken, die Arbeit und den Fleiß eines jeden Menschen wert.

J. M. Betrachten Sie den Menschen, der zu seiner Pflicht steht und eher den Scheiterhaufen besteigt, als ihr abtrünnig zu werden.

A. M. Es ist seine Machart und seine Schulung. Er muss den Geist, der in ihm ist, zufriedenstellen, und koste es ihn das Leben. Ein anderer Mensch, ebenso aufrichtig religiös, jedoch von anderem Temperament, wird dieser Pflicht nicht nachkommen, obwohl er sie als Pflicht anerkennt und es ihn grämt, ihr nicht gewachsen zu sein: Aber er muss den Geist, der in ihm ist, zufriedenstellen – er kann nicht anders. Er könnte diese Pflicht nicht *um der Pflicht willen* erfüllen, denn das würde seinen Geist nicht zufriedenstellen, und *zuallererst* muss die Zufriedenstellung seines Geistes berücksichtigt werden. Sie hat Vorrang vor allen anderen Pflichten.

J. M. Nehmen Sie den Fall eines Geistlichen von makelloser privater Moral, der, wenn es um ein öffentliches Amt geht, lieber für einen Dieb auf der Wahlliste seiner eigenen Partei stimmt als für einen ehrlichen Mann, der auf einer anderen Wahlliste steht.

A. M. Er muss seinen Geist zufriedenstellen. Wo das Wohlergehen seiner Partei auf dem Spiel steht, hat er keine öffentliche Moral; keine private Moral. Er wird stets seiner Machart und seiner Schulung treu bleiben.

Schulung

IV

Schulung

J. M. Sie benutzen immer wieder dieses Wort – Schulung. Meinen Sie damit namentlich –

A. M. Studium, Unterricht, Vorträge, Predigten? Die machen einen Teil davon aus – aber keinen großen. Ich meine *alle* äußeren Einflüsse. Davon gibt es eine Million. Von der Wiege bis zur Bahre, während all seiner wachen Stunden, ist der Mensch in Ausbildung begriffen. In vorderster Reihe seiner Ausbilder stehen seine *Verbindungen*. Es ist seine menschliche Umgebung, die seinen Verstand und seine Gefühle beeinflusst, die ihm seine Ideale liefert, ihn auf den Weg bringt und auf diesem hält. Verlässt er diesen Weg, wird er von den Menschen, die er am meisten liebt und achtet und deren Billigung er am höchsten schätzt, gemieden werden. Er ist ein Chamäleon; gemäß dem Gesetz seiner Natur nimmt er die Farbe seines Aufenthaltsortes an. Die Einflüsse um ihn herum formen seine Vorlieben, seine Abneigungen, seine Politik, seinen Geschmack, seine Moral, seine Religion. Nichts von alledem formt er selbst. Er *glaubt* zwar, es zu tun, aber das liegt daran, dass er die Sache nicht untersucht hat. Sind Sie schon einmal Presbyterianern begegnet?

J. M. Vielen.

A. M. Wie sind sie Presbyterianer geworden und nicht etwa Kongregationalisten? Und weshalb sind die Kongregationalisten nicht Baptisten, die Baptisten nicht Katholiken, die Katholiken nicht Buddhisten, die Buddhisten nicht Quäker, die Quäker nicht Episkopale, die Episkopalen nicht Adventisten, die Adventisten nicht Hindus, die Hindus nicht Atheisten, die Atheisten nicht Spiritualisten, die Spiritualisten nicht Agnostiker, die Agnostiker nicht Methodisten, die Methodisten nicht Konfuzianer, die Konfuzianer nicht Unitarier, die Unitarier nicht Mohammedaner, die Mohammedaner nicht Heilsarmisten, die Heilsarmisten nicht Zoroastrier, die Zoroastrier nicht Christliche Wissenschaftler, die Christlichen Wissenschaftler nicht Mormonen geworden – und so fort?

J. M. Sie können Ihre Frage selbst beantworten.

A. M. Diese Liste von Glaubensgemeinschaften ist nicht die Bilanz von *Studium*, Suche, Streben nach Erleuchtung; sie zeigt vornehmlich (und sarkastisch) an, was *Assoziation* bewirkt. Wenn Sie die Nationalität eines Menschen kennen, können Sie haargenau die Beschaffenheit seiner Religion erraten: Engländer – Protestant; Amerikaner – dito; Spanier, Franzose, Ire, Italiener, Südamerikaner, Österreicher – Katholik; Russe – Orthodoxer; Türke – Mohammedaner; und so fort. Und wenn Sie die religiöse Beschaffenheit des Menschen kennen, wissen Sie, welche religiösen Bücher er liest, wenn er sich mehr Erleuchtung erhofft, und welche Bücher er meidet, damit er nicht aus Versehen mehr Erleuchtung findet, als er sich gewünscht hat. Wenn Sie wissen, welchen Parteikragen ein amerikanischer Wähler trägt, wissen Sie, was seine Verbindungen ausmacht, wie er zu seiner Politik gekommen ist, welche Sorte Zeitungen er liest, um Erleuchtung zu finden, und welche er tunlichst meidet, welche Sorte Massenveranstaltungen er besucht, um sein politisches Wissen zu erweitern, und welche Sorte Massenveranstaltungen er nicht besucht, außer um deren Parteidoktrin mit Ziegelbrocken zu widerlegen. Immer wieder hören wir von Leuten, die *nach der Wahrheit suchen.* Ein (standhaftes) Exemplar habe ich noch nie gesehen. Ich glaube, es hat nie existiert. Aber ich habe etliche überaus aufrichtige Menschen gesehen, die *glaubten,* (standhafte) Wahrheitssucher zu sein. Sie suchten eifrig, beharrlich, sorgsam, umsichtig, tiefgründig, mit vollkommener Ehrlichkeit und hübsch angepasstem Urteilsvermögen – bis sie frei von jedem Zweifel glaubten, die Wahrheit gefunden zu haben. *Das war das Ende der Suche.* Der Betreffende verbrachte den Rest seines Lebens damit, Dachschindeln aufzutreiben, um seine Wahrheit vor der Witterung zu schützen. Suchte er nach der politischen Wahrheit, so fand er sie in dem einen oder anderen der hundert politischen Evangelien, die die Menschen auf der Erde leiten; suchte er nach der einzig wahren Religion, so fand er sie in der einen oder anderen der dreitausend, die auf dem Markt sind. Hatte er die Wahrheit erst einmal gefunden, *suchte er jedenfalls nicht weiter*; doch von dem Tag an flickte er, den Lötkolben in der einen Hand, den Knüppel in der anderen, die undichten Stellen und suchte Zweifler zu überzeugen. Es hat unzählige vorübergehende Wahrheitssucher gegeben – haben Sie jemals von einem ständigen Wahrheitssucher gehört? Es liegt in der Natur des Menschen, dass ein solcher unmöglich ist. Um jedoch auf die Ausgangsfrage zurückzukommen – Schulung: Jegliche Schulung ist eine Form von *äußerem Einfluss,* und davon macht *Assoziation* den größten Teil aus. Ein Mensch ist nie etwas anderes, als was äußere Einflüsse aus ihm gemacht haben. Sie schulen ihn nach unten, oder sie schulen ihn nach oben – aber sie *schulen* ihn; die ganze Zeit wirken sie auf ihn ein.

J. M. Gerät er dann durch die Zufälle des Lebens in eine ungünstige Lage, gibt es Ihren Vorstellungen zufolge keine Hilfe für ihn – er muss sich nach unten schulen.

A. M. Keine Hilfe für ihn? Keine Hilfe für dieses Chamäleon? Das ist ein Irrtum. In seiner Chamäleonhaftigkeit liegt sein größtes Glück. Er braucht nur seinen Lebensraum zu wechseln – seine *Verbindungen*. Doch der Anstoß dazu muss *von außen* kommen – er kann ihn, dieses Ziel vor Augen, nicht selbst hervorbringen. Manchmal kann eine sehr kleine und zufällige Sache ihm den Ursprungsimpuls geben und ihn auf einen neuen Weg führen, mit einem neuen Ideal. Die zufällige Bemerkung der Liebsten: »Ich höre, dass du ein Feigling bist«, kann ein Samenkorn wässern, das keimen, blühen und gedeihen und am Ende überraschende Früchte hervorbringen wird – auf den Feldern des Krieges. Die Geschichte der Menschheit ist voll von solchen Zufällen. Der Zufall eines gebrochenen Beines ließ einen gottlosen und lästerlichen Soldaten[5] unter religiöse Einflüsse geraten und verhalf ihm zu einem neuen Ideal. Aus diesem Zufall ging der Jesuitenorden hervor, der seit zweihundert Jahren Throne erschüttert, die Politik verändert und andere enorme Arbeit leistet – und darin fortfahren wird. Die zufällige Lektüre eines Buches oder eines Zeitungsabsatzes kann einen Menschen in neue Bahnen lenken und ihn dazu bringen, seine alten Verbindungen aufzugeben und neue zu suchen, die *mit seinem neuen Ideal in Einklang stehen*, und daraus kann sich für diesen Menschen eine grundlegende Wandlung seiner Lebensweise ergeben.

J. M. Spielen Sie auf ein Verfahrensschema an?

A. M. Kein neues – ein altes. So alt wie die Menschheit.

J. M. Und das wäre?

A. M. Den Menschen wird lediglich eine Falle gestellt. Eine Falle, in der als Köder *Ursprungsimpulse für hohe Ideale* ausgelegt sind. Genau das tut, wer Traktätchen verteilt. Genau das tut der Missionar. Genau das sollten Regierungen tun.

J. M. Tun sie das denn nicht?

A. M. Auf eine Weise ja, auf eine andere nein. Sie trennen die Pockenkranken von den Gesunden, aber bei der Verbrechensbekämpfung stecken sie die Gesunden zusammen mit den Kranken ins Pesthaus. Will sagen, sie stecken die Anfänger zu den eingefleischten Kriminellen. Das wäre in Ordnung, wenn der Mensch von Natur aus zum Guten neigen würde, aber das tut er nicht, und so macht *Assoziation* die Anfänger böser, als sie es waren, bevor sie in Haft kamen. Einem vergleichsweise unschuldigen Menschen erlegt sie eine äußerst schwere Strafe auf. Einen Unschuldigen behandeln Regierungen mitunter sehr hart. Sie hängen einen Mann – was eine geringfügige Strafe ist; es bricht seiner Familie das Herz – was eine schwere Strafe ist. Einen Mann, der seine Frau prügelt, sperren sie bequem ins Gefängnis, füttern ihn durch und lassen seine unschuldige Frau und seine unschuldigen Kinder verhungern.

J. M. Glauben Sie an die Lehre, dass der Mensch mit einem intuitiven Wissen von Gut und Böse ausgestattet ist?

A. M. Adam hatte keins.

J. M. Aber hat der Mensch es nicht seitdem erworben?

A. M. Nein. Ich glaube, er verfügt über keinerlei Intuitionen dieser Art. *Alle* seine Ideen, alle seine Eindrücke erhält er von außen. Ich wiederhole dies immer wieder in der Hoffnung, es Ihnen so einschärfen zu können, dass Sie daran interessiert sind, es selbst zu beobachten und zu prüfen, ob es wahr oder falsch ist.

J. M. Und woher beziehen Sie Ihre ärgerlichen Ansichten?

A. M. *Von außen.* Ich habe sie nicht erdacht. Sie sind aus tausend unbekannten Quellen zusammengetragen. Größtenteils *unbewusst* zusammengetragen.

J. M. Glauben Sie nicht, dass Gott einen von Natur aus ehrlichen Menschen erschaffen könnte?

A. M. Doch, ich weiß, dass Er es könnte. Aber ich weiß auch, dass Er einen solchen nie erschaffen hat.

J. M. Ein weiserer Beobachter als Sie hat die Tatsache festgehalten, dass »ein ehrlicher Mensch das edelste Werk Gottes ist«.

A. M. Er hat keine Tatsache festgehalten, er hat eine Unwahrheit festgehalten. Es ist geschwätzig und klingt gut, aber es ist nicht wahr. Gott erschafft einen Menschen mit ehrlichen und unehrlichen Anlagen und belässt es dabei. Was die Möglichkeiten – die eine oder die andere – entwickelt, das sind die *Verbindungen* des Menschen. Dementsprechend ist das Resultat ein ehrlicher oder ein unehrlicher Mensch.

J. M. Und der ehrliche ist nicht berechtigt –

A. M. Lob zu empfangen? Nein. Wie oft soll ich Ihnen das noch sagen? *Er* ist nicht der Architekt seiner Ehrlichkeit.

J. M. Nun, ich frage Sie, worin dann der Sinn liegen soll, Menschen zu einem tugendhaften Leben zu erziehen. Was ist dadurch gewonnen?

A. M. Der Mensch selbst hat große Vorteile davon, und das

ist die Hauptsache – für *ihn*. Er stellt keine Gefahr für seine Nächsten dar, er kann ihnen nicht schaden – und so ziehen *sie* einen Vorteil aus seinen Tugenden. Das ist für *sie* die Hauptsache. Erziehung kann das Leben für alle beteiligten Parteien vergleichsweise bequem machen; ihre *Vernachlässigung* hingegen kann das Leben zu einer ständigen Gefahr und Bedrängnis für alle beteiligten Parteien machen.

J. M. Sie haben gesagt, Schulung sei alles; Schulung sei der Mensch *selbst*, denn sie mache ihn zu dem, was er ist.

A. M. Ich sagte, Schulung und *noch etwas anderes*. Lassen wir dieses andere vorerst beiseite. Was wollten Sie sagen?

J. M. Wir haben eine alte Dienerin. Sie ist seit zweiundzwanzig Jahren bei uns. Früher waren ihre Dienste untadelig, inzwischen aber ist sie sehr vergesslich geworden. Wir alle haben sie gern; wir alle wissen, dass sie für die Gebrechlichkeit, die das Alter mit sich bringt, nichts kann; der Rest der Familie tadelt sie nicht wegen ihrer Nachlässigkeit, ich mitunter schon – offenbar kann ich mich nicht beherrschen. Versuche ich es gar nicht erst? Doch, schon. Als ich mich heute Morgen anziehen wollte, lagen keine sauberen Kleidungsstücke bereit. Ich platzte fast vor Wut; frühmorgens unterläuft mir das am leichtesten und am schnellsten. Ich klingelte sie herbei und ermahnte mich sofort, meine Wut nicht zu zeigen, sondern behutsam zu sein und schonend zu sprechen. Ich riss mich sehr zusammen. Ich wählte sogar die genauen Worte, die ich verwenden würde: »Du hast die sauberen Kleider vergessen, Jane.« Als sie in der Tür erschien, öffnete ich den Mund, um ebendiesen Satz zu sagen – und herauskam, ausgelöst von einer spontanen Welle der Leidenschaft, mit der ich nicht gerechnet hatte und die unter Kontrolle zu bringen ich nicht die Zeit hatte, der hitzige Vorwurf: »Du hast sie schon wieder vergessen!« Sie sagen, dass ein Mensch immer das tut, was seinen inneren Herrn und Gebieter am meisten erfreut. Woher stammte der Impuls, sorgfältige Vorkehrungen zu treffen, um dem Dienstmädchen die Demütigung eines Tadels zu ersparen? Stammte er von dem Herrn und Gebieter, dem es in erster Linie immer um *sich selbst* zu tun ist?

A. M. Zweifellos. Ein Impuls hat keine andere Quelle. In *zweiter* Linie haben Sie Vorkehrungen getroffen, um das Dienstmädchen zu schonen, in *erster* Linie jedoch waren Sie bestrebt, sich selbst zu schonen, indem Sie den Herrn und Gebieter zufriedenstellten.

J. M. Wie meinen Sie das?

A. M. Hat ein Mitglied der Familie Sie jemals angefleht, Ihre Wut zu zügeln und nicht auf das Dienstmädchen loszugehen?

J. M. Ja. Meine Mutter.

A. M. Lieben Sie sie?

J. M. Oh, mehr als das!

A. M. Sie würden stets alles in Ihrer Macht Stehende tun, um sie zu erfreuen?

J. M. Es ist mir ein Vergnügen, alles zu tun, um sie zu erfreuen!

A. M. Warum? *Sie würden es einzig und allein für Lohn tun* – für *Gewinn*. Welchen Gewinn würden Sie von der Investition erwarten und sicherlich auch erhalten?

J. M. Ich persönlich? Keinen. *Sie* zu erfreuen ist genug.

A. M. Dann bestand Ihr Ziel offenbar *nicht* in erster Linie darin, dem Dienstmädchen eine Demütigung zu ersparen, sondern darin, *Ihre Mutter zu erfreuen.* Und offenbar bereitet es *Ihnen* große Freude, Ihre Mutter zu erfreuen. Ist das nicht der Gewinn, den Sie aus der Investition ziehen? Ist das nicht der *wahre* Gewinn und der *erste* Gewinn?

J. M. Ach wirklich? Fahren Sie fort.

A. M. Bei *allen* Transaktionen achtet der innere Herr und Gebieter darauf, dass *Sie den ersten Gewinn erzielen.* Andernfalls findet keine Transaktion statt.

J. M. Nun, wenn ich so darauf bedacht, so begierig war, diesen Gewinn zu erzielen, warum habe ich ihn dann verworfen, indem ich in Wut geriet?

A. M. Um einen *anderen* Gewinn zu erzielen, der ihn plötzlich an Wert überstieg.

J. M. Wo war er?

A. M. Er hatte sich hinter Ihrem angeborenen Temperament verborgen und wartete auf seine Chance. Plötzlich sprang Ihr angeborenes hitziges Temperament vor, und *einen Augenblick lang* war sein Einfluss mächtiger als der Ihrer Mutter und hob diesen auf. In dem Augenblick waren Sie begierig, einen scharfen Vorwurf zu machen und ihn zu genießen. Sie haben ihn doch genossen, nicht wahr?

J. M. Eine – eine Viertelsekunde lang. Ja – das habe ich.

A. M. Sehr gut, es ist, wie ich gesagt habe: Was Ihnen in jedem Augenblick oder auch nur in dem *Bruchteil* eines Augenblicks das *größte* Vergnügen, die höchste Befriedigung bereitet, ist das, was Sie tun werden. Sie müssen noch der *letzten* Laune des Herrn und Gebieters willfahren, worin sie auch bestehen mag.

J. M. Aber als der alten Dienerin Tränen in die Augen traten, hätte ich mir für das, was ich getan hatte, die Hand abhacken können.

A. M. Richtig. Sie hatten *sich selbst* gedemütigt, verstehen Sie, Sie hatten sich selbst *Schmerz* zugefügt. Nichts ist für einen Menschen von *größerer* Bedeutung als Resultate, die *ihm* schaden oder nützen – alles andere ist *zweitrangig*. Ihr Herr und Gebieter war unzufrieden mit Ihnen, obwohl Sie ihm gehorcht hatten. Er verlangte sofortige *Reue*; wieder gehorchten Sie; Sie *mussten* gehorchen – vor seinen Befehlen gibt es kein Entrinnen. Er ist ein strenger Gebieter und launisch; im Bruchteil einer Sekunde ändert er seine Meinung, Sie aber müssen bereit sein zu gehorchen, und Sie werden gehorchen, *immer*. Verlangt er Reue, die ihn zufriedenstellt, werden Sie Reue zeigen. Er muss gehegt und gepflegt, gehätschelt und getätschelt werden, mögen die Bedingungen lauten, wie sie wollen.

J. M. Schulung! Ach, wozu soll sie nütze sein? Habe ich nicht versucht, und hat nicht auch meine Mutter versucht, mich so zu schulen, dass ich nicht immer auf das Dienstmädchen losgehe?

A. M. Ist es Ihnen nie gelungen, sich mit Schelten zurückzuhalten?

J. M. Doch, gewiss – viele Male.

A. M. Dieses Jahr öfter als letztes Jahr?

J. M. Ja, sehr viel öfter.

A. M. Letztes Jahr öfter als im Jahr davor?

J. M. Ja.

A. M. Dann ist also in diesen beiden Jahren eine starke Verbesserung eingetreten?

J. M. Ja, unzweifelhaft.

A. M. Somit ist Ihre Frage beantwortet. Wie Sie sehen, ist Schulung also doch von Nutzen. Machen Sie weiter so. Machen Sie getreulich weiter so. Sie sind auf dem besten Wege.

J. M. Wird meine Besserung zur Perfektion gelangen?

A. M. Das wird sie. Bis an *Ihre* Grenzen.

J. M. An meine Grenzen? Was meinen Sie damit?

A. M. Sie erinnern sich, dass Sie behaupteten, ich hätte gesagt, Schulung sei *alles.* Ich korrigierte Sie und sagte: »Schulung und *noch etwas anderes*«. Diese Etwas ist das *Temperament* – das heißt, die Veranlagung, mit der Sie geboren wurden. *Sie können weder Ihre Veranlagung noch auch nur einen Fitzel Ihrer Veranlagung ausreißen* – Sie können sie nur unter Druck setzen und unter Kontrolle halten. Sie haben ein hitziges Temperament?

J. M. Ja.

A. M. Sie werden es nie loswerden; aber indem Sie es beobachten, können Sie es fast die ganze Zeit unter Kontrolle halten. *Sein Vorhandensein macht Ihre Grenzen aus.* Ihre Besserung wird nie ganz zur Perfektion gelangen, denn hin und wieder wird Ihr Temperament Sie bezwingen, doch ansatzweise werden Sie es schaffen. Sie haben wertvolle Fortschritte gemacht und können weitere Fortschritte erzielen. Schulung *ist* von Nutzen. Von ungeheurem Nutzen. Bald werden Sie eine neue Entwicklungsstufe erreichen, dann wird Ihr Fortschritt leichter vonstattengehen; ohnehin werden Sie auf einer einfacheren Grundlage voranschreiten.

J. M. Bitte erklären Sie.

A. M. Heute halten Sie sich mit Schelten zurück, um *sich* zu erfreuen, indem Sie Ihre *Mutter* erfreuen; bald wird der Triumph über Ihre Wut Ihre Eitelkeit befriedigen und Ihnen köstlicheres Vergnügen und größere Genugtuung verschaffen, als Ihnen heute selbst der Beifall Ihrer *Mutter* verschafft. Dann werden Sie unmittelbar und *aus erster Hand* für sich tätig werden, nicht auf dem Umweg über Ihre Mutter. Das vereinfacht die Sache und verstärkt den Impuls.

J. M. Ach ja? Aber ich werde nie den Punkt erreichen, an dem ich das Dienstmädchen *in erster Linie um ihrer selbst willen* verschone, nicht um meinetwillen?

A. M. Doch. Im Himmel.

J. M. *(nach einer nachdenklichen Pause)* Temperament. Nun, ich sehe ein, dass man dem Temperament Rechnung tragen muss. Bestimmt spielt es eine große Rolle. Meine Mutter ist rücksichtsvoll, nicht jähzornig. Als ich angekleidet war, ging ich in ihr Zimmer; sie war nicht da; ich rief, sie antwortete aus dem Badezimmer. Ich hörte das Wasser laufen. Ich erkundigte mich. Sie antwortete ohne jeden Ärger, Jane habe ihr Bad vergessen und sie lasse das Wasser selbst einlaufen. Ich bot ihr an, zu klingeln, aber sie sagte: »Nein, tu das nicht; es würde sie nur bekümmern, mit ihrem Versäumnis konfrontiert zu werden, und es wäre eine Zurechtweisung; die hat sie nicht verdient – sie ist nicht schuld an den Streichen, die ihr Gedächtnis ihr spielt.« Ich frage: Hat meine Mutter einen inneren Herrn und Gebieter? Und wo war er?

A. M. Er war da. Er war da, und er war auf seine Ruhe, sein Vergnügen und seine Zufriedenheit bedacht. Der Kummer des Dienstmädchens hätte *Ihre Mutter* geschmerzt. Sonst wäre das Dienstmädchen allem Kummer zum

Trotz herbeigeklingelt worden. Ich kenne Frauen, denen es größtes *Vergnügen* bereitet hätte, Jane herbeizuklingeln – und so hätten sie unweigerlich auf den Klingelknopf gedrückt und das Gesetz ihrer Machart und ihrer Schulung befolgt, welche die Diener ihres inneren Herrn und Gebieters sind. Aller Wahrscheinlichkeit verdankt sich ein Teil der Duldsamkeit Ihrer Mutter der Schulung. Der *guten* Art der Schulung – deren beste und höchste Funktion es ist, dafür zu sorgen, dass jedes Mal, wenn sie dem Schüler oder der Schülerin eine Befriedigung verschafft, anderen ein Nutzen aus zweiter Hand erwächst.

J. M. Wenn Sie Ihren Plan zur allgemeinen Verbesserung des Zustands der Menschheit zu einer Ermahnung zusammenfassen wollten, wie würden Sie sie formulieren?

Ermahnung

A. M. Schulen Sie Ihre Ideale fleißig *nach oben* und *immer weiter nach oben*, einem Gipfel entgegen, auf dem Sie die größte Freude an einem Verhalten finden, das, während es Sie zufriedenstellt, mit Sicherheit auch Ihrem Nächsten und der Gemeinschaft Vorteile verschafft.

J. M. Ist das ein neues Evangelium?

A. M. Nein.

J. M. Ist es schon einmal gelehrt worden?

A. M. Gelehrt wird es seit zehntausend Jahren.

J. M. Von wem?

A. M. Von allen großen Religionen – von allen großen Evangelien.

J. M. Dann ist daran nichts Neues?

A. M. O doch. Diesmal wird es offen ausgesprochen. Das ist bislang nie geschehen.

J. M. Wie meinen Sie das?

A. M. Habe ich nicht *Sie* an die *erste* Stelle gesetzt und Ihre Nächsten und die Gemeinschaft auf den *zweiten* Platz verwiesen?

J. M. Nun, das ist ein Unterschied, das stimmt.

A. M. Es ist der Unterschied zwischen geradlinigem und unaufrichtigem Sprechen; der Unterschied zwischen Freimut und Schwindel.

J. M. Bitte erklären Sie das.

A. M. Die anderen bieten Ihnen hundert Bestechungsgeschenke, damit Sie gut sind; so gestehen sie ein, dass zunächst der Herr und Gebieter in Ihnen beschwichtigt und zufriedengestellt werden muss und dass Sie nichts *von sich aus* tun werden, sondern nur ihm zuliebe; dann aber drehen sie sich um und verlangen von Ihnen, Gutes *hauptsächlich anderen* zuliebe zu tun; ihre Pflicht *hauptsächlich um der Pflicht willen* zu tun; und Taten der *Selbstaufopferung* zu vollbringen. So stehen wir zu Beginn alle auf demselben Boden – in Anerkennung des höchsten und absoluten Monarchen, der im Menschen residiert, und wir alle katzbuckeln vor ihm und appellieren an ihn; dann aber drücken sich die anderen und schwindeln, vollziehen eine Kehrtwendung, ändern unehrlicher-, inkonsequenter- und unlogischerweise die Form ihres Appells und richten ihr Augenmerk auf die *zweitrangigen* Kräfte des Menschen, auf Mächte, die in ihm *gar nicht existieren*, und rücken diese an die *erste* Stelle; während ich mit meiner Mahnung logisch und konsequent an der ursprünglichen Position festhalte: Ich platziere die Anforderungen des inneren Herrn und Gebieters an *erster* Stelle und behalte sie dort.

J. M. Nehmen wir, rein hypothetisch, einmal an, dass Ihr System und die anderen Systeme dasselbe Resultat – *das rechte Leben* – bezwecken und hervorbringen, hat Ihres dann einen Vorzug gegenüber den anderen?

A. M. Einen, ja – einen großen. Mein System kennt keine Tarnung, keine Täuschung. Wenn ein Mensch ein rechtschaffenes und wertvolles Leben nach meinem System führt, wird er über das *wirkliche* Hauptmotiv, das ihn antreibt, nicht getäuscht – in den anderen Fällen wird er getäuscht.

J. M. Ist das von Vorteil? Ist es von Vorteil, ein erhabenes Leben aus einem niedrigen Beweggrund zu führen? In den anderen Fällen führt der Mensch ein erhabenes Leben unter dem *Eindruck*, es aus einem erhabenen Beweggrund zu führen. Ist das nicht ein Vorteil?

A. M. Vielleicht. Derselbe Vorteil, den er daraus ziehen könnte, wenn er sich für einen Herzog hielte, das Leben eines Herzogs führte und mit herzoglichem Gehabe und Gefieder umherstolzierte, obwohl er gar kein Herzog ist und es herausfinden könnte, wenn er nur die Aufzeichnungen des Wappenherolds prüfen würde.

J. M. Jedenfalls ist er verpflichtet, die Rolle eines Herzogs zu spielen; er greift in die Tasche und verteilt Gaben in so großem Umfang, wie er es vermag, und das kommt der Gemeinschaft zugute.

A. M. Das könnte er auch tun, ohne ein Herzog zu sein.

J. M. Aber würde er es tun?

A. M. Sehen Sie nicht, wohin Sie sich begeben?

J. M. Wohin?

A. M. Auf den Standpunkt der anderen Systeme: dass es moralisch gut sei, einen unwissenden Herzog aus Stolz – einem ziemlich niedrigen Motiv – protzige Wohltaten üben zu lassen und ihn nicht zu warnen, damit er nicht, wenn er mit dem eigentlichen Motiv, das ihn dazu veranlasste, vertraut gemacht würde, seinen Geldbeutel verschließen und aufhören würde, gut zu sein?

J. M. Aber ist es nicht das Beste, ihn in Unwissenheit zu lassen, solange er *glaubt*, Gutes um anderer Menschen willen zu tun?

A. M. Vielleicht. Das ist die Position der anderen Systeme. Sie glauben, Schwindel sei moralisch gut, wenn die daraus resultierende Dividende gute Taten und nettes Benehmen sind.

J. M. Ich bin der Auffassung, dass nach Ihrem System – ein Mensch vollbringt eine gute Tat zuallererst *um seiner selbst willen* und nicht *um der guten Tat willen* – kein Mensch jemals eine gute Tat tun würde.

A. M. Haben Sie in letzter Zeit eine Wohltat geübt?

J. M. Ja. Heute Morgen.

A. M. Nennen Sie Einzelheiten.

J. M. Die Hütte der alten Schwarzen, die sich, als ich ein Kind war, um mich gekümmert und mir einmal unter Einsatz ihres eigenen Lebens das Leben gerettet hat, wurde letzte Nacht niedergebrannt, und heute Morgen kam sie weinend zu mir und flehte um Geld für den Bau einer neuen.

A. M. Sie gaben es ihr?

J. M. Gewiss.

A. M. Sie waren froh, dass Sie das Geld hatten?

J. M. Geld? Ich hatte keins. Ich habe mein Pferd verkauft.

A. M. Sie waren froh, dass Sie das Pferd hatten?

J. M. Natürlich; denn hätte ich das Pferd nicht gehabt, hätte ich nicht helfen können, und meine *Mutter* hätte die Chance ergriffen, der alten Sally beizustehen.

A. M. Sie waren herzlich froh, dass Sie nicht auf dem falschen Fuß erwischt wurden, sondern helfen konnten?

J. M. O ja!

A. M. Nun denn –

J. M. Halt! Ich kenne Ihren gesamten Fragenkatalog und könnte jede einzelne Frage beantworten, ohne dass Sie Zeit darauf verschwenden müssen, sie zu stellen; aber ich werde das Ganze in einer einzigen Bemerkung zusammenfassen: Ich tat das gute Werk in dem Wissen, dass ich es nur deswegen tat, weil die Tat *mir* größtes Vergnügen bereiten würde; weil Sallys rührende Dankbarkeit und Freude *mir* noch mehr Vergnügen bereiten würde; und weil die Überlegung, dass sie jetzt glücklich wäre und aller Sorgen ledig, *mich* mit Glück erfüllen würde. Das alles tat ich mit offenen Augen und in der Erkenntnis, dass ich *zuallererst* auf *meinen* Anteil am Gewinn aus war. Nun denn, ich habe gestanden. Fahren Sie fort.

A. M. Ich habe nichts hinzuzufügen; Sie haben alles abgedeckt. Hätten Sie *stärker* motiviert sein können, Sally aus ihrer Not zu helfen – hätten Sie die Tat bereitwilliger vollbringen können –, wenn Sie in dem Wahn befangen gewesen wären, Sie würden sie nur *ihretwegen* und nur zu *ihrem* Nutzen tun?

J. M. Nein! Nichts in der Welt hätte den Antrieb, der mich dazu bewog, mächtiger, gebieterischer, unwiderstehlicher machen können. Ich bin bis an die Grenzen gegangen!

A. M. Sehr gut. Sie vermuten – und ich behaupte, es zu *wissen* –, dass, wenn ein Mensch *ein bisschen stärker dazu bewogen* wird, *eines* von zwei Dingen oder von zwei Dutzend Dingen zu tun, als dazu, irgendeines der *anderen* zu tun, er unfehlbar dieses *eine* tun wird, sei es gut oder böse; und selbst wenn es gut ist, kann keine Verlockung der Kasuistik die Kraft des Antriebs auch nur um ein Iota erhöhen oder dem Behagen und der Zufriedenheit, die er aus der Tat bezieht, auch nur ein Iota hinzufügen.

J. M. Dann glauben Sie, dass eine solche Neigung, Gutes zu tun, wie sie in den Herzen der Menschen vorhanden ist, durch die Beseitigung der Täuschung, dass gute Taten in erster Linie der Nr. 2 zuliebe getan werden und nicht der Nr. 1 zuliebe, nicht gemindert würde?

A. M. Das glaube ich voll und ganz.

J. M. Scheint das nicht irgendwie die Würde der Tat zu schmälern?

A. M. Wenn Würde in Unwahrheit liegt, dann ja. Diese wird beseitigt.

J. M. Was bleibt dem Moralisten zu tun?

A. M. Er lehre vorbehaltlos das, was er bereits mit einem Mundwinkel lehrt, mit dem anderen aber widerruft: Tun Sie das Richtige *um Ihrer selbst willen*, und seien Sie froh zu wissen, dass Ihr *Nächster* mit Sicherheit an dem daraus resultierenden Nutzen teilhaben wird.

J. M. Wiederholen Sie Ihre Ermahnung.

A. M. *Schulen Sie Ihre Ideale fleißig nach oben und immer weiter nach oben, einem Gipfel entgegen, auf welchem Sie die größte Freude an einem Verhalten finden, das, während es Sie zufriedenstellt, mit Sicherheit auch Ihrem Nächsten und der Gemeinschaft Vorteile verschafft.*

J. M. Sie glauben, dass *jede* Handlung aus äußeren Einflüssen hervorgeht?

A. M. Ja.

J. M. Wenn ich beschließe, einen Menschen auszurauben, dann bin nicht ich der *Urheber* der Idee, sondern sie kommt *von außen*? Zum Beispiel sehe ich ihn Geld in die Hand nehmen – und *das* treibt mich zu dem Verbrechen?

A. M. Das allein? Keineswegs. Es handelt sich lediglich um den *letzten* äußeren Einfluss in einer Prozession von vorbereitenden Einflüssen, die sich über Jahre erstreckt. Nicht ein *einzelner* äußerer Einfluss kann einen Menschen dazu bringen, etwas zu tun, das mit seiner Schulung auf Kriegsfuß steht. Bestenfalls kann er seinen Verstand in neue Bahnen lenken und ihn für die Aufnahme *neuer* Einflüsse öffnen – wie im Falle des Ignatius von Loyola. Mit der Zeit können diese Einflüsse ihn so weit schulen, dass es seinem neuen Charakter entspricht, dem *letzten* Einfluss nachzugeben und dieses Etwas zu tun. Ich will den Fall in einer Form darlegen, die Ihnen meine Theorie verdeutlichen dürfte. Hier sind zwei Barren aus reinem Gold. Sie repräsentieren zwei Charaktere, deren Tugenden durch jahrelange fleißige Schulung verfeinert und vervollkommnet worden sind. Angenommen, Sie wollten diese massiven und kompakten Charaktere zerlegen – welchen Einfluss würden Sie auf die Barren ausüben?

J. M. Beantworten Sie die Frage selbst. Fahren Sie fort.

A. M. Angenommen, ich würde auf einen von ihnen stundenlang einen Dampfstrahl richten. Würde der etwas bewirken?

J. M. Nicht, dass ich wüsste.

A. M. Warum nicht?

J. M. Ein Dampfstrahl kann eine solche Substanz nicht zersetzen.

A. M. Sehr gut. Der Dampf ist ein *äußerer Einfluss*, jedoch unwirksam, weil das Gold *kein Interesse an ihm hat.* Der Barren bleibt, wie er war. Angenommen, wir fügen dem Dampf etwas Quecksilber in verdunstetem Zustand hinzu und richten dann den Strahl auf den Barren, wird es sofort zu einem Resultat kommen?

J. M. Nein.

A. M. Das *Quecksilber* ist ein äußerer Einfluss, dem gegenüber Gold (aufgrund seiner besonderen Beschaffenheit – nennen wir es *Temperament, Veranlagung*) *nicht uninteressiert sein kann.* Es weckt das Interesse des Goldes, auch wenn wir es nicht wahrnehmen; doch eine *einzelne* Anwendung des Einflusses fügt ihm noch keinen Schaden zu. Setzen wir die Anwendung nun in einem stetigen Strom fort und nennen wir jede Minute ein Jahr. Nach zehn oder zwanzig Minuten – nach zehn oder zwanzig Jahren – ist der kleine Barren mit Quecksilber aufgeweicht, seine Tugenden haben sich verflüchtigt, sein Charakter ist geschwächt. Schließlich ist er bereit, einer Versuchung nachzugeben, die er zehn oder zwanzig Jahre früher nicht einmal zur Kenntnis genommen hätte. Wir werden diese Versuchung in Form eines Drucks meines Fingers ausüben. Sehen Sie das Resultat?

J. M. Ja; der Barren ist zu Sand zerbröselt. Jetzt verstehe ich. Es ist nicht ein *einzelner* äußerer Einfluss, der seine Arbeit verrichtet, sondern nur der *letzte* einer langen und zersetzenden Anhäufung von Einflüssen. Jetzt verstehe ich, dass nicht mein *einzelner* Impuls, den Mann auszurauben, derjenige ist, der mich zur Tat treibt, sondern nur der *letzte* in einer Reihe vorbereitender Impulse. Sie könnten es mit einer Parabel veranschaulichen.

Eine Parabel

A. M. Gerne. Es waren einmal zwei Jungen in Neuengland – Zwillinge. Sie ähnelten einander in ihrer guten Veranlagung, ihrer einwandfreien Moral und ihrer persönlichen Erscheinung. In der Sonntagsschule waren sie vorbildlich. Mit fünfzehn Jahren hatte George die Gelegenheit, als Schiffsjunge auf einem Walfänger mitzufahren, und segelte zum Pazifik. Henry blieb zu Hause im Dorf. Mit achtzehn war George einfacher Matrose, und Henry war Lehrer in fortgeschrittenem Bibelunterricht. Mit zweiundzwanzig war George aufgrund der Sauf- und Raufgewohnheiten, die er sich auf See und in den Seemannsheimen europäischer und orientalischer Häfen angeeignet hatte, ein gewöhnlicher Schlägertyp in Hongkong und arbeitslos, und Henry war Leiter der Sonntagsschule. Mit sechsundzwanzig war George ein Vagabund, ein Strauchdieb, und Henry war Pastor der Dorfkirche. Schließlich kam George nach Hause und war bei Henry zu Gast. Eines Abends kam ein Mann vorbei und bog in die Straße ein, und Henry sagte mit einem kläglichen Lächeln: »Obwohl dieser Mann gar nicht beabsichtigt, mir Unbehagen zu bereiten, erinnert er mich immer wieder an meine drückende Armut, denn er trägt einen Haufen Geld mit sich herum und kommt sein Leben lang jeden Abend hier vorbei.« Die Bemerkung genügte George, aber nicht *dieser äußere Einfluss* war es, der ihn dazu brachte, dem Mann aufzulauern und ihn auszurauben; vielmehr stellte er nur das Endresultat einer elfjährigen Anhäufung derartiger Einflüsse dar und gebar die Tat, die eine lange Schwangerschaft vorbereitet hatte. Henry war es nie in den Sinn gekommen, den Mann auszurauben – sein Barren war reinem Dampf ausgesetzt worden, Georges Barren hingegen verdunstetem Quecksilber.

V

Mehr über die Maschine

Anmerkung: Wenn Mrs W. fragt, wie ein Millionär einen einzigen Dollar an Colleges und Museen spenden kann, solange auch nur ein Menschenwesen Hunger leidet, hat sie ihre Frage schon selbst beantwortet. Ihr Mitgefühl mit den Armen zeigt, dass sie einen Maßstab für Mildtätigkeit besitzt; daher hat sie dem Millionär das Privileg zugestanden, gleichfalls einen Maßstab zu besitzen; da sie offensichtlich von ihm verlangt, ihren Maßstab zu übernehmen, verlangt sie zugleich von sich selbst, seinen zu übernehmen. Der Mensch schaut immer herab, wenn er den Maßstab einer anderen Person überprüft; nie findet er einen, den er überprüfen muss, indem er aufschaut.

Noch einmal die menschliche Maschine

J. M. Sie glauben tatsächlich, dass der Mensch eine bloße Maschine ist?

A. M. Ja.

J. M. Und dass sein Verstand automatisch arbeitet und außerhalb seiner Kontrolle liegt – dass er auf eigene Faust denkt?

A. M. Ja. Er ist fleißig bei der Arbeit, unaufhörlich bei der Arbeit, in jedem wachen Augenblick. Haben Sie sich nie die ganze Nacht hindurch im Bett herumgeworfen und Ihren Verstand beschworen, angefleht, angewiesen, seine Arbeit zu unterbrechen und Sie einschlafen zu lassen?

Sie, der Sie sich vielleicht einbilden, Ihr Verstand sei Ihr Diener und müsse Ihren Befehlen gehorchen, müsse denken, was Sie ihm zu denken aufgeben, und innehalten, wenn Sie ihm befehlen, innezuhalten? Entscheidet er sich einmal für die Arbeit, gibt es keine Möglichkeit, ihn auch nur für einen Augenblick ruhig zu halten. Der klügste Mensch wäre nicht imstande, ihn mit Themen zu versorgen, wenn er sie aufspüren müsste. Würde er die Hilfe des Menschen benötigen, würde er darauf warten, dass er ihm Arbeit gibt, wenn er morgens aufwacht.

J. M. Vielleicht tut er das ja.

A. M. Nein, er beginnt sogleich, noch bevor der Mensch wach genug ist, um ihm einen Vorschlag zu machen. Vielleicht sagt sich der Mensch vor dem Einschlafen: »Sobald ich aufwache, werde ich über dieses und jenes Thema nachdenken«, aber er wird scheitern. Sein Verstand wird zu schnell für ihn sein; kaum dass er wach genug ist, um halbwegs bei Bewusstsein zu sein, wird er feststellen, dass sein Verstand bereits an einem anderen Thema arbeitet. Führen Sie das Experiment durch, dann werden Sie's sehen.

J. M. Auf jeden Fall kann der Mensch, wenn er will, dafür sorgen, dass sein Verstand bei einem Thema bleibt.

A. M. Nicht, wenn dieser ein anderes findet, das ihm mehr zusagt. In der Regel wird er weder auf einen langweiligen noch auf einen glänzenden Redner hören. Er widersetzt sich jedem Überredungsversuch. Der langweilige Redner ermüdet ihn, bis er sich in müßigen Träumereien ergeht; der glänzende Redner wirft ihm anregende Ideen hin, denen er nachjagt, ohne sich des Redners oder seines Geredes bewusst zu sein. Sie können Ihren Verstand nicht daran hindern, umherzuschweifen, wann immer er will; der Gebieter ist er, nicht Sie.

Nach einigen Tagen

A. M. Nun, Träume – aber die werden wir später untersuchen. Haben Sie unterdessen versucht, Ihrem Verstand zu gebieten, Ihre Befehle abzuwarten und nicht auf eigene Faust zu denken?

J. M. Ja, ich habe ihm geboten, sich bereitzuhalten, um, wenn ich morgens aufwache, Befehle entgegenzunehmen.

A. M. Hat er gehorcht?

J. M. Nein. Er hat aus eigener Initiative gedacht, ohne auf mich zu warten. Außerdem habe ich – wie Sie vorgeschlagen hatten – am Vorabend ein Thema festgelegt, mit dem er am Morgen beginnen sollte, und ihm geboten, mit diesem und keinem anderen zu beginnen.

A. M. Hat er gehorcht?

J. M. Nein.

A. M. Wie oft haben Sie das Experiment wiederholt?

J. M. Zehnmal.

A. M. Wie oft hatten Sie Erfolg?

J. M. Keinmal.

A. M. Es ist, wie ich gesagt habe: Der Verstand ist unabhängig vom Menschen. Dieser hat keine Kontrolle über ihn; er tut, was er will. Dem Menschen zum Trotz wird er ein Thema aufgreifen; dem Menschen zum Trotz wird er dabei bleiben; dem Menschen zum Trotz wird er es verwerfen. Er ist völlig unabhängig vom Menschen.

J. M. Fahren Sie fort. Erläutern Sie.

A. M. Kennen Sie Schach?

J. M. Ich habe es vor einer Woche gelernt.

A. M. Hat Ihr Verstand an diesem ersten Abend die ganze Nacht über weitergespielt?

J. M. Fangen Sie bloß nicht davon an.

A. M. Er war eifrig interessiert, konnte nicht genug bekommen, tobte sich mit Spielzügen aus; Sie flehten ihn an, die Partie zu beenden und Sie ein wenig schlafen zu lassen?

J. M. Ja. Er wollte nicht hören; er spielte einfach weiter. Es hat mich zermürbt, und als ich am Morgen aufstand, war mir hundeelend zumute.

A. M. Irgendwann einmal hat Sie ein lächerlicher Ohrwurm in seinen Bann gezogen?

J. M. In der Tat, ja!

»I saw Esau kissing Kate,
And she saw I saw Esau;
I saw Esau, he saw Kate,
And she saw –«[6]

Und so weiter. Mein Verstand war außer sich vor Freude. Eine Woche lang wiederholte er es Tag und Nacht, ich konnte noch so viel tun, um ihn daran zu hindern, und es kam mir vor, als sollte ich schier verrückt werden.

A. M. Und das neue populäre Lied?

J. M. O ja! »In the Swee-eet By and By[7]« etc. Ja, das neue populäre Lied mit seiner einnehmenden Melodie geht einem bei Tag und bei Nacht, im Schlafen und im Wachen durch den Kopf, bis man ein Wrack ist. Man kann den Verstand nicht dazu bringen, es sein zu lassen.

A. M. Ja, im Schlafen wie im Wachen. Der Verstand ist vollkommen unabhängig. Er ist der Herr und Gebieter. Sie haben mit ihm nichts zu schaffen. Er ist so getrennt von Ihnen, dass er seinen eigenen Angelegenheiten nachgehen, seine eigenen Lieder singen, seine eigenen Schachpartien spielen, seine eigenen komplexen und raffiniert konstruierten Träume weben kann, während Sie schlafen. Er hat keine Verwendung für Ihre Hilfe, keine Verwendung für Ihre Lenkung und macht, ob Sie schlafen oder wachen, von beidem keinen Gebrauch. Sie haben sich eingebildet, in Ihrem Verstand einen Gedanken hervorbringen zu können, haben ernsthaft daran geglaubt, es bewerkstelligen zu können.

J. M. Ja, diese Vorstellung hatte ich.

A. M. Und doch können Sie keinen Traumgedanken hervorbringen und durchsetzen, den ihr Verstand ausarbeiten soll?

J. M. Nein.

A. M. Und nachdem Ihr Verstand selbst einen Traumgedanken hervorgebracht hat, können Sie ihm seine Vorgehensweise nicht diktieren?

J. M. Nein. Das vermag niemand. Glauben Sie, dass der wachende Verstand und der träumende Verstand dieselbe Maschine sind?

A. M. Dafür gibt es Argumente. Haben wir wilde und phantastische Tagesgedanken? Dinge, die traumähnlich sind?

J. M. Ja – wie Mr Wells' Wissenschaftler, der eine Droge erfand, die ihn unsichtbar machte;[8] und wie die *Märchen aus Tausendundeiner Nacht*.

A. M. Und es gibt Träume, die rational, einfach, logisch und gar nicht phantastisch sind?

J. M. Ja. Ich habe solche Träume; Träume, die genau wie das

wirkliche Leben sind; Träume, in denen es mehrere Personen von deutlich unterschiedenem Charakter gibt – Erfindungen meines Verstandes und für mich doch Fremde: eine vulgäre Person; eine kultivierte Person; eine weise Person; einen Narren; eine grausame Person; eine gütige und mitfühlende; eine streitsüchtige Person; einen Friedensstifter; alte und junge Menschen; schöne und hässliche Mädchen. Sie alle sprechen in Einklang mit ihrem Charakter, jede Person bewahrt ihre Eigenart. Es gibt heftige Kämpfe, heftige und scharfe Beleidigungen, heftige Liebesszenen; es gibt Tragödien und Komödien, es gibt Betrübnisse, die einem zu Herzen gehen, es gibt Reden und Taten, die einen zum Lachen bringen: Wahrhaftig, das Ganze ist genau wie im richtigen Leben.

A. M. Ihr träumender Verstand bringt den künstlerischen Plan hervor, entwickelt ihn konsequent weiter und führt das kleine Drama glaubwürdig durch – all das ohne Ihre Hilfe oder Ihre Anregung?

J. M. Ja.

A. M. Das ist ein Anhaltspunkt dafür, dass er ohne Hilfe oder Anregung von Ihnen das Gleiche auch im Wachzustand tun könnte – und ich denke, das tut er auch. Es ist ein Anhaltspunkt dafür, dass es in beiden Fällen derselbe alte Verstand ist, der niemals Ihrer Hilfe bedarf. Ich glaube, dass der Verstand nichts weiter als eine Maschine ist, eine völlig unabhängige Maschine, eine automatische Maschine. Haben Sie das andere Experiment ausprobiert, das ich Ihnen vorschlug?

J. M. Welches?

A. M. Das Experiment, das festlegen sollte, wie viel Einfluss Sie auf Ihren Verstand haben – falls überhaupt.

J. M. Ja, und es war mehr oder weniger unterhaltsam. Ich tat, wie Sie mir aufgetragen hatten: Ich nahm mir zwei Gegenstände vor – einer war langweilig und vollkommen uninteressant, der andere hochinteressant, voller Feuer und voller Glut. Ich befahl meinem Verstand, sich nur mit dem langweiligen Gegenstand zu beschäftigen.

A. M. Hat er gehorcht?

J. M. Nein. Er beschäftigte sich mit dem anderen.

A. M. Haben Sie sich größte Mühe gegeben, ihn zum Gehorsam zu zwingen?

J. M. Ja, ich tat mein Bestes.

A. M. Was war das für ein Gegenstand, für den zu interessieren oder über den nachzudenken er sich weigerte?

J. M. Es war diese Frage: Wenn A dem B eineinhalb Dollar schuldet und B dem C zweidreiviertel Dollar schuldet und C dem A fünfunddreißig Cent schuldet und D und A zusammen dem E und dem B drei Sechzehntel von – von – ich weiß nicht mehr wovon schulden, aber es war sowieso völlig uninteressant, und ich konnte meinen Verstand nicht zwingen, auch nur eine halbe Minute lang bei der Stange zu bleiben; stattdessen stürzte er sich immer wieder auf den anderen Gegenstand.

A. M. Was war das für ein Gegenstand?

J. M. Das ist nicht von Belang.

A. M. Aber was war dieser andere Gegenstand?

J. M. Eine Fotografie.

A. M. Von Ihnen?

J. M. Nein. Von ihr.

A. M. Sie haben tatsächlich ein aufrichtiges, ein gutes Experiment durchgeführt. Haben Sie einen zweiten Versuch unternommen?

J. M. Ja. Ich befahl meinem Verstand, sich für den Bericht der Morgenzeitung über den Schweinefleischmarkt zu interessieren, gleichzeitig erinnerte ich ihn an ein Erlebnis, das ich vor sechzehn Jahren hatte. Er lehnte es ab, sich mit dem Schweinefleisch zu befassen, und widmete dem alten Vorfall all sein brennendes Interesse.

A. M. Was war das für ein Vorfall?

J. M. Ein bewaffneter Bandit hatte mich vor zwanzig Zuschauern ins Gesicht geschlagen. Jedes Mal, wenn ich daran denke, werde ich wild und mordlüstern.

A. M. Beides gute Experimente; sehr gute Experimente. Haben Sie meinen anderen Vorschlag ausprobiert?

J. M. Den, der mir beweisen sollte, dass mein Verstand, sich selbst überlassen, ganz ohne mein Zutun Dinge finden würde, über die er nachdenken könnte, und der mich auf diese Weise überzeugen sollte, dass er eine Maschine ist, eine automatische Maschine, die durch äußere Einflüsse in Bewegung gesetzt wird und von mir ebenso unabhängig ist, wie er es wäre, wenn er im Schädel eines anderen steckte? War das nicht der Vorschlag?

A. M. Ja.

J. M. Ich habe es ausprobiert. Ich war beim Rasieren. Ich hatte gut geschlafen, und mein Verstand war rege, ja fröhlich und ausgelassen. Er ergötzte sich an einer phantastischen und freudigen Episode aus früher Kindheit, die plötzlich in meinem Gedächtnis aufgeblitzt war – angeregt vom Anblick einer gelben Katze, die vorsichtig auf der Gartenmauer entlangbalancierte. Die Farbe dieser Katze führte mir eine Katze aus der Vergangenheit vor Augen, und ich sah, wie sie über die Stufe der Kanzel schlich; sah, wie sie auf einen großen Streifen Fliegenpapier trat und mit allen vier Pfoten daran kleben blieb; sah, wie sie zappelte und hinfiel, hilflos und frustriert, immer verzweifelter, immer erbitterter, immer gotteslästerlicher (wenn auch stumm); sah, wie die schweigenden Gemeindemitglieder wie Wackelpudding zitterten und wie ihnen die Tränen über die Wangen liefen. Das alles sah ich. Der Anblick der Tränen entführte meinen Verstand zu einer weit entfernten, traurigeren Szene – in Feuerland –, und mit Darwins[9] Augen sah ich, wie ein großer nackter Wilder seinen kleinen Jungen wegen einer unbedeutenden Verfehlung gegen die Felsen schleuderte; sah, wie die arme Mutter ihr sterbendes Kind aufhob, an ihre Brust drückte und weinte, ohne ein Wort zu sagen. Hielt mein Verstand etwa inne, um mit meiner nackten schwarzen Schwester zu trauern? Nein – im nächsten Augenblick hatte er die Szene längst hinter sich gelassen und beschäftigte sich mit einem unangenehmen Traum, den ich immer wieder habe. In diesem Traum finde ich mich stets, bis auf das Hemd ausgezogen, in einem großen Salon wieder, inmitten einer Schar vornehm gekleideter Damen und Herren, wende mich schaudernd hin und her und frage mich, wie es mich dorthin verschlagen hat. Und so weiter und so fort, Bild für Bild, Vorfall für Vorfall, ein dahintreibendes Panorama ständig wechselnder, sich ständig auflösender Ansichten, die mein Verstand ohne mein Zutun erzeugt hat – ich würde zwei Stunden benötigen, um die Vielzahl der Dinge, die mein Verstand binnen fünfzehn Minuten aufzählte und fotografierte, auch nur zu benennen, geschweige denn zu beschreiben.

A. M. Der Verstand eines Menschen, sich selbst überlassen,

hat für die Hilfe des Menschen keine Verwendung. Doch es gibt eine Möglichkeit, wie der Mensch sich die Hilfe des Verstandes sichern kann, sofern er sie wünscht.

J. M. Und die wäre?

A. M. Wenn Ihr Verstand von Gegenstand zu Gegenstand eilt und auf einen inspirierenden Gegenstand stößt, sollten Sie den Mund aufmachen und über die Angelegenheit sprechen – oder Ihren Stift zur Hand nehmen und diesen benutzen. Das wird Ihren Verstand interessieren und ihm helfen, sich zu konzentrieren, und voller Genugtuung wird er sich diesem Gegenstand widmen. Er wird das Kommando übernehmen und selbst die Worte liefern.

J. M. Ja, aber schreibe ich ihm dann nicht vor, was er sagen soll?

A. M. Natürlich gibt es Gelegenheiten, da Sie keine Zeit haben. Die Worte springen heraus, bevor Sie wissen, wie Ihnen geschieht.

J. M. Zum Beispiel?

A. M. Nun, nehmen Sie einen ›Geistesblitz‹ – eine schlagfertige Antwort. ›Geistesblitz‹ ist genau das richtige Wort. Er zuckt sofort hervor. Es bleibt keine Zeit, die Worte zu ordnen. Es gibt kein Nachdenken, kein Sich-Besinnen. Wo der Mechanismus des Geistesblitzes auftritt, agiert er automatisch und bedarf keiner Hilfe. Wo ein solcher Mechanismus fehlt, kann noch so viel Studium und Reflexion das Produkt nicht erzeugen.

J. M. Sie glauben wirklich, dass ein Mensch nichts hervorbringt, nichts erschafft?

A. M. Ja. Menschen nehmen wahr, und ihre Gehirnmaschinen verknüpfen die wahrgenommenen Dinge automatisch. Das ist alles.

J. M. Die Dampfmaschine?

A. M. Fünfzig Männer brauchen hundert Jahre, um sie zu erfinden. *Eine* Bedeutung von ›erfinden‹ ist ›entdecken‹. Ich verwende das Wort in diesem Sinne. Nach und nach entdecken sie jene Vielzahl von Details, die die perfekte Maschine ausmachen, und wenden sie an. Watt[10] bemerkte, dass der eingeschlossene Dampf stark genug war, um den Deckel einer Teekanne anzuheben. Er erfand nicht die Idee, er entdeckte lediglich die Tatsache; die Katze hatte sie hundertmal bemerkt. Aus der Teekanne entwickelte er den Zylinder – aus dem verschobenen Deckel entwickelte er die Kolbenstange. An der Kolbenstange etwas zu befestigen, das von ihr bewegt würde, war eine Leichtigkeit – Kurbel und Schwungrad. Und so entstand eine funktionierende Maschine.*

Nach und nach wurden Verbesserungen entdeckt, von Männern, die ihre Augen gebrauchten, nicht ihre schöpferischen Kräfte – denn sie hatten keine –, und jetzt, nach hundert Jahren, finden wir die geduldigen Beiträge von fünfzig oder hundert Beobachtern zu jener wunderbaren Maschine verdichtet, die den Ozeandampfer antreibt.

J. M. Ein Stück von Shakespeare?

A. M. Der Prozess ist derselbe. Der erste Schauspieler war

* All das hatte der Marquis von Worcester mehr als ein Jahrhundert zuvor geleistet.

ein Wilder. In seinen theatralischen Kriegstänzen, Skalptänzen und so weiter gab er Vorfälle wieder, die er im wirklichen Leben gesehen hatte. Eine fortgeschrittenere Zivilisation produzierte mehr Vorfälle, mehr Episoden; der Schauspieler und der Geschichtenerzähler borgten sie aus. Und so entstand das Drama, Stück für Stück, Stufe für Stufe. Es besteht aus den Gegebenheiten des Lebens, nicht aus Schöpfungen. Es dauerte Jahrhunderte, das griechische Drama zu entwickeln. Es borgte bei früheren Zeitaltern; es lieh den Zeitaltern, die danach kamen. Menschen beobachten und kombinieren, das ist alles. Eine Ratte tut das auch.

J. M. Wie das?

A. M. Sie nimmt einen Geruch wahr, sie schließt auf einen Käse, sie sucht und findet. Der Astronom beobachtet dies und das; fügt sein Dies-und-Das den Dies-und-Das von hundert Vorgängern hinzu, schließt auf einen unsichtbaren Planeten, sucht und findet ihn. Die Ratte tappt in eine Falle; findet mit Mühe wieder hinaus; folgert, dass Käse in Fallen ohne jeden Wert ist, und macht sich an der Falle nicht mehr zu schaffen. Der Astronom ist sehr stolz auf seine Leistung, die Ratte stolz auf ihre. Doch beide sind Maschinen; sie haben Maschinenarbeit geleistet, sie haben nichts hervorgebracht, sie haben kein Recht, sich irgendetwas einzubilden; die Anerkennung gebührt ihrem Schöpfer. Sie haben keinen Anspruch auf Ehrungen, auf Lobpreisungen, auf Denkmäler, wenn sie gestorben sind, auf Gedenken. Der eine ist eine komplexe und ausgeklügelte Maschine, die andere eine einfache und beschränkte Maschine, doch im Prinzip, in Funktion und Ablauf, ähneln sie einander, keine von beiden funktioniert anders als automatisch, und keine von beiden kann der anderen gegenüber *persönliche* Überlegenheit oder persönliche Würde beanspruchen.

J. M. Daraus folgt zwangsläufig, dass der Astronom hinsichtlich verdienter persönlicher Würde und persönlichem Verdienst an dem, was er tut, mit der Ratte auf einer Stufe steht?

A. M. Mit seinem Bruder, dem Ratz; ja, so kommt es mir vor. Da keiner von beiden Anspruch auf persönliches Verdienst hat an dem, was er tut, folgt zwangsläufig, dass keiner von beiden das Recht hat, sich seinem Bruder gegenüber (persönlich erworbene) Überlegenheit anzumaßen.

J. M. Sind Sie gewillt, weiter an diesem Irrsinn festzuhalten? Angesichts berechtigter Argumente, die sich auf zusammengetragene Tatsachen und Beispiele stützen, weiter daran festzuhalten?

A. M. Ich bin ein demütiger, ernster und aufrichtiger Wahrheitssucher gewesen.

J. M. Ja und?

A. M. Mit solchen Mitteln kann ein demütiger, ernster und aufrichtiger Wahrheitssucher jederzeit bekehrt werden.

J. M. Ich bin Gott dankbar, Sie dies sagen zu hören, denn jetzt weiß ich, dass Ihre Bekehrung –

A. M. Warten Sie. Sie haben mich missverstanden. Ich sagte, ich sei ein Wahrheitssucher *gewesen*.

J. M. Und?

A. M. Ich bin es nicht mehr. Haben Sie das vergessen? Ich hatte Ihnen gesagt, dass es nur vorübergehende Wahrheitssucher gibt; dass ein ständiger Wahrheitssucher menschlich unmöglich ist; dass der Sucher, sobald er findet, was seiner festen Überzeugung nach die Wahrheit ist, nicht weitersucht, sondern den Rest seiner Tage damit verbringt, nach Krempel zu jagen, mit dem er sie flicken, kitten und abstützen kann, um sie wetterfest zu machen und zu verhindern, dass sie einstürzt. So bleibt der Presbyterianer ein Presbyterianer, der Mohammedaner ein Mohammedaner, der Spiritualist ein Spiritualist, der Demokrat ein Demokrat, der Republikaner ein Republikaner, der Monarchist ein Monarchist; und wenn ein demütiger, ernster und aufrichtiger Wahrheitssucher die Wahrheit in der These findet, dass der Mond aus grünem Käse besteht, könnte ihn nichts von dieser Position abbringen; denn er ist nichts weiter als eine automatische Maschine und muss den Gesetzen seiner Konstruktion gehorchen.

J. M. Und so –

A. M. Nachdem ich die Wahrheit gefunden und erkannt habe, dass der Mensch unzweifelhaft nur *einen* bewegenden Antrieb hat – die Zufriedenstellung seines Geistes –, dass er lediglich eine Maschine ist und bei allem, was er tut, kein persönliches Verdienst für sich beanspruchen kann, ist es mir menschenunmöglich, weiterzusuchen. Den Rest meiner Tage werde ich damit verbringen, meinen unschätzbaren Besitz zu flicken und zu streichen und zu kitten und zu kalfatern und wegzuschauen, sobald sich ein beschwörendes Argument oder eine abträgliche Tatsache nähert.

Instinkt und Denken

VI

Instinkt und Denken

J. M. Es ist abscheulich. Die trunkenen Theorien, die Sie vor einer Weile aufgestellt haben – über die Ratte und all das –, entkleiden den Menschen all seiner Würde, Größe und Erhabenheit.

A. M. Da gibt es nichts zu entkleiden – es sind Mogelpackungen, gestohlene Kleider. Er rechnet sich ein Verdienst an, das allein seinem Schöpfer gebührt.

J. M. Aber Sie haben kein Recht, ihn mit einer Ratte auf eine Stufe zu stellen.

A. M. Das habe ich – in moralischer Hinsicht – nicht getan. Das wäre der Ratte gegenüber ungerecht. In dieser Hinsicht steht die Ratte weit über ihm.

J. M. Soll das ein Scherz sein?

A. M. Nein.

J. M. Was meinen Sie dann?

A. M. Es fällt unter die Rubrik ›moralisches Bewusstsein‹. Eine bedeutsame Frage. Lassen Sie uns aber erst den jetzigen Diskussionspunkt abschließen, bevor wir uns ihr zuwenden.

J. M. Wie Sie wünschen. Offenbar geben Sie zu, dass Sie den Menschen und die Ratte auf *eine* Stufe stellen. Worum geht es dabei? Um das Intellektuelle?

A. M. Der Form nach – nicht dem Grad nach.

J. M. Bitte erklären Sie das.

A. M. Ich meine, dass der Verstand der Ratte und der Verstand des Menschen die gleiche Maschine sind, allerdings mit ungleichen Fähigkeiten – so wie Ihrer und Edisons[11]; der eines afrikanischen Pygmäen und Homers; der eines Buschmannes und Bismarcks.

J. M. Wie können Sie das behaupten, wenn die niederen Tiere gar nicht über mentale Fähigkeiten verfügen, sondern nur über Instinkt, während der Mensch Vernunft besitzt?

A. M. Was ist Instinkt?

J. M. Die bloße gedankenlose und mechanische Ausübung einer ererbten Gewohnheit.

A. M. Was ist der Ursprung der Gewohnheit?

J. M. Das erste Tier begann damit, seine Nachkommen haben sie geerbt.

A. M. Wie kam das erste Tier dazu, damit zu beginnen?

J. M. Ich weiß es nicht; aber es hat sie sich nicht *ausgedacht*.

A. M. Woher wissen Sie das?

J. M. Nun – jedenfalls habe ich ein Recht zu dieser Annahme.

A. M. Das glaube ich nicht. Was ist Denken?

J. M. Ich weiß, wie Sie es nennen: das mechanische und automatische Zusammensetzen empfangener Eindrücke von außen, aus denen man Rückschlüsse zieht.

A. M. Sehr gut. Meine Auffassung des inhaltsleeren Begriffs ›Instinkt‹ besagt, dass er lediglich *erstarrtes Denken* ist, durch Gewohnheit verfestigt und entseelt; ein Denken, das einmal lebendig war und wach, jedoch unbewusst geworden ist – das gewissermaßen schlafwandelt.

J. M. Nennen Sie Beispiele.

A. M. Nehmen wir eine Herde Kühe, die auf einer Wiese weiden. Sie alle wenden die Köpfe in eine Richtung. Das tun sie instinktiv; sie gewinnen dadurch nichts, sie haben keinen Grund dazu, sie wissen nicht, weshalb sie es tun. Es ist eine ererbte Gewohnheit, die ursprünglich einmal erdacht worden war – will sagen, die Beobachtung einer äußeren Tatsache und ein wertvoller Rückschluss, der aus dieser Beobachtung gezogen und durch die Erfahrung bestätigt wurde. Der wilde Urstier bemerkte, dass er bei günstigem Wind seinen Feind wittern und rechtzeitig entkommen konnte; daraus schloss er, dass es sich lohnte, die Nase in den Wind zu drehen. Das ist der Prozess, den der Mensch ›logisches Denken‹ nennt. Die Denkmaschine des Menschen funktioniert genauso wie die der anderen Tiere, ist aber besser und folgt Edisons Methode. An Stelle des Stiers würde der Mensch weitergehen, weiterdenken: Er würde einen Teil der Herde in die andere Richtung schauen lassen und sie so von vorne und von hinten schützen.

J. M. Sagten Sie, der Begriff ›Instinkt‹ sei inhaltsleer?

A. M. Ich halte ihn für einen verfälschenden Begriff. Ich glaube, dass er uns nur verwirrt; denn in der Regel wird er für Gewohnheiten und Antriebe verwendet, die ihren weit entfernten Ursprung im Denken haben, und hin und wieder wird die Regel durchbrochen, und man verwendet ihn für Gewohnheiten, die schwerlich einen Ursprung im Denken für sich beanspruchen können.

J. M. Nennen Sie ein Beispiel.

A. M. Nun, wenn ein Mann eine Hose anzieht, steigt er immer mit demselben Bein zuerst hinein – nie mit dem anderen. Darin liegt kein Vorteil und kein Sinn. Alle Männer tun es, aber ich nehme an, kein Mann hat es sich ausgedacht und zu einem bestimmten Zweck übernommen. Und doch ist es eine Gewohnheit, die zweifellos weitergegeben wird und auch in Zukunft weitergegeben werden wird.

J. M. Können Sie beweisen, dass diese Gewohnheit existiert?

A. M. Falls Sie Zweifel haben, können Sie es selbst beweisen. Wenn Sie mit einem Mann in ein Bekleidungsgeschäft gehen und ihm dabei zusehen, wie er ein Dutzend Hosen anprobiert, werden Sie es sehen.

J. M. Das Beispiel mit den Kühen ist nicht –

A. M. Hinreichend, um zu zeigen, dass die mentale Maschine eines unvernünftigen Tieres genau die gleiche ist wie die eines Menschen und dass seine Denkprozesse die gleichen sind? Ich will weitere Beispiele anführen. Sollten Sie Mr Edison eine Schachtel überreichen, die Sie mittels eines verborgenen Mechanismus aufschnappen lassen, würde er auf eine Sprungfeder schließen, nach ihr suchen und sie finden. Nun hatte ein Onkel von mir einen alten Gaul, der immer in den geschlossenen Bereich eindrang, wo die Futterkrippe stand, und sich verbotenerweise am Mais gütlich tat. Ich wurde dafür bestraft, da man annahm, aus Unachtsamkeit hätte ich es versäumt, den Holzpflock einzustecken, mit dem das Tor verschlossen wurde. Diese andauernden Strafen ermüdeten mich; sie veranlassten mich, auf das Vorhandensein eines Schuldigen zu schließen; also versteckte ich mich und behielt das Tor im Auge. Alsbald kam der Gaul herbei, zog mit den Zähnen den Pflock heraus und trottete hinein. Das hatte ihm niemand beigebracht; er hatte beobachtet – und es sich ganz allein ausgedacht. Sein Denkprozess unterschied sich nicht von dem Edisons; er zählte eins und eins zusammen, zog seine Schlüsse – und den Pflock; aber ich ließ ihn dafür büßen.

J. M. Es hat wohl den Anschein des Denkens. Aber ausgefeilt ist es nicht gerade. Vertiefen Sie Ihr Argument.

A. M. Angenommen, Edison hat jemandes Gastfreundschaft genossen. Irgendwann schaut er wieder vorbei, aber das Haus steht leer. Er folgert, dass sein Gastgeber umgezogen ist. Eine Weile später, in einer anderen Stadt, sieht er, wie der Mann ein Haus betritt; er folgert, dass dies sein neues Zuhause ist, und geht ihm nach, um sich zu erkundigen. Hier nun die Erfahrung einer Möwe, wie sie von einem Naturforscher geschildert wird. Schauplatz ist ein schottisches Fischerdorf, in dem Möwen freundlich behandelt wurden. Diese bestimmte Möwe suchte eine Hütte auf; wurde gefüttert; kehrte am nächsten Tag zurück und wurde abermals gefüttert; kam ein weiteres Mal ins Haus und aß mit der Familie; tat dies danach fast täglich. Einmal aber war die Möwe für ein paar Tage auf Reisen, und als sie wiederkam, stand das Haus leer. Ihre Freunde waren in ein drei Meilen entferntes Dorf gezogen. Mehrere Monate später erspähte sie das Familienoberhaupt dort auf der Straße, folgte ihm, betrat ohne Entschuldigung oder Rechtfertigung das Haus und war erneut sein täglicher Gast. Möwen sind nicht eben von hohem geistigem Rang, diese aber hatte, wie Sie sehen, ein gutes Gedächtnis und die Fähigkeit, logisch zu denken, und wandte Edisons Methode an.

J. M. Und doch war sie kein Edison und konnte auch keiner werden.

A. M. Mag sein. Könnten Sie es?

J. M. Das ist ohne Belang. Fahren Sie fort.

A. M. Falls Edison in Schwierigkeiten geriete, ein Fremder ihm heraushülfe und er am nächsten Tag wieder in dieselben Nöte geriete, würde er, wenn er die Adresse des Fremden wüsste, schlussfolgern, was am klügsten zu tun wäre. Hier ist der Fall eines Vogels und eines Fremden, wie er von einem Naturforscher berichtet wird. Ein Engländer erblickte auf seinem Grundstück einen Vogel, der um den Kopf seines Hundes herumflog und dabei verzweifelte Schreie ausstieß. Er ging hin, um nachzusehen. Der Hund hatte einen jungen Vogel im Maul – unverletzt. Der Gentleman rettete ihn, setzte ihn auf einen Busch und führte den Hund fort. Früh am nächsten Morgen kam die Vogelmutter zu dem Gentleman, der auf seiner Veranda saß, und überredete ihn durch ihre Flugmanöver, ihr bis in einen entfernten Teil der Anlagen zu folgen – sie flog ein Stück weit vor ihm her, wartete, bis er sie eingeholt hatte, und so weiter; auch hielt sie sich an den gewundenen Pfad, statt den kürzeren Weg durch die Parzellen zu nehmen. Die zurückgelegte Entfernung betrug vierhundert Meter. Übeltäter war derselbe Hund; wieder hatte er den jungen Vogel im Maul, und wieder musste er ihn aufgeben. Die Vogelmutter hatte alles durchdacht: Da der Fremde ihr einmal geholfen hatte, folgerte sie, dass er es wieder tun werde; sie wusste, wo er zu finden war, und erledigte ihre Besorgung mit Zuversicht. Ihre Denkprozesse entsprachen denen Edisons. Sie zählte eins und eins zusammen – und *mehr* ist Denken nicht – und zog daraus eine Reihe logischer Schlussfolgerungen. Edison hätte es nicht besser hinbekommen.

J. M. Glauben Sie, dass viele unvernünftige Tiere denken können?

A. M. Ja – der Elefant, der Affe, das Pferd, der Hund, der Pa-

pagei, der Ara, die Spottdrossel und viele andere. Der Elefant, dessen Gefährtin in eine Grube fiel und der Dreck und Unrat in die Grube stieß, bis der Boden so hoch war, dass die Gefangene herausklettern konnte, war mit Denkvermögen ausgestattet. Ich stelle mir vor, dass alle Tiere, die Dinge durch Unterweisung und Abrichtung erlernen können, wissen, wie man beobachtet, eins und eins zusammenzählt und Schlüsse zieht – der Prozess des Denkens. Könnten Sie einem Idioten das Exerzierbuch beibringen, ihm beibringen, wie man auf Kommando vorrückt, zurückweicht und komplexe Feldmanöver durchführt?

J. M. Nicht, wenn es ein gründlicher Idiot wäre.

A. M. Nun, Kanarienvögel können das alles lernen; Hunde und Elefanten lernen alle möglichen wunderbaren Dinge. Sie müssen schlichtweg in der Lage sein, Dinge zu bemerken und zusammenzuzählen und bei sich zu sagen: »Jetzt verstehe ich: Wenn ich befehlsgemäß dies und jenes tue, werde ich gelobt und gefüttert; tue ich es nicht, werde ich bestraft.« Flöhen kann man nahezu dasselbe beibringen wie einem Kongressabgeordneten.

J. M. Wenn man also einräumt, dass unvernünftige Tiere auf niedrigem Niveau denken können, gibt es welche, die auf hohem Niveau denken können? Gibt es ein Tier, das dem Menschen gewachsen ist?

A. M. Ja. Als Denkerin und Planerin ist die Ameise jedem wilden Menschenschlag ebenbürtig; als autodidaktische Expertin in mehreren Künsten ist sie jedem wilden Menschenschlag überlegen; und in ein oder zwei hohen geistigen Fähigkeiten ist sie für jeden Menschen unerreichbar, ob wild oder zivilisiert.

J. M. Ach, kommen Sie! Sie schaffen die intellektuelle Grenze ab, die den Menschen vom Tier unterscheidet.

A. M. Wie bitte? Man kann nicht abschaffen, was nicht existiert.

J. M. Ich hoffe, das meinen Sie nicht ernst. Sie können doch nicht ernsthaft behaupten, dass es eine solche Grenze nicht gibt?

A. M. Ich behaupte es ernsthaft. Beispiele wie das Pferd, die Möwe, die Vogelmutter und der Elefant zeigen, dass diese Geschöpfe ebenso gut eins und eins zusammenzählen können, wie Edison es getan hätte, und dass sie dieselben Rückschlüsse ziehen, die er gezogen hätte. Ihre geistige Maschinerie war genau wie die seine, desgleichen ihre Funktionsweise. In Einzelheiten war ihre Ausstattung der seinen unterlegen, so wie eine Uhr von Waterbury der Astronomischen Uhr in Straßburg unterlegen ist, doch das ist der einzige Unterschied – eine Grenze gibt es nicht.

J. M. Das klingt zum Verzweifeln wahr und ist unverkennbar kränkend. Es erhöht unvernünftige Tiere zu – zu –

A. M. Lassen wir diesen verlogenen Ausdruck fallen, nennen wir sie ›unerkannte Geschöpfe‹; soweit wir wissen können, gibt es so etwas wie ein unvernünftiges Tier nicht.

J. M. Aus welchen Gründen stellen Sie diese Behauptung auf?

A. M. Aus ganz einfachen. ›Unvernünftiges‹ Tier suggeriert ein Tier, das über keine Gedankenmaschinerie, keine Erkenntnis, keine Sprache und keine Möglichkeit verfügt, das, was in seinem Kopf vorgeht, zu kommunizieren. Wir wissen, dass eine Henne über Sprache verfügt. Zwar können wir nicht alles verstehen, was sie sagt, doch zwei oder drei ihrer Sätze können wir mühelos lernen. Wir wissen, wann sie sagt: »Ich habe ein Ei gelegt«; wir wissen, wann sie zu den Küken sagt: »Kommt her, ihr Lieben, ich habe einen Wurm gefunden«; wir wissen, was sie sagt, wenn sie eine Warnung ausspricht: »Schnell! Beeilt euch! Kriecht unter eure Mama, da kommt ein Falke!« Wir verstehen die Katze, wenn sie sich zärtlich und behaglich schnurrend ausstreckt, ihre sanfte Stimme erhebt und sagt: »Kommt, Kätzchen, das Abendessen ist fertig«; wir verstehen sie, wenn sie trauernd umherschleicht und sagt: »Wo können sie nur sein? Sie sind verschwunden – wollt ihr mir nicht helfen, sie zu finden?« Und wir verstehen den verruchten Kater, wenn er um Mitternacht von seinem Häuschen aus seinen Rivalen herausfordert: »Komm bloß her, du Ausgeburt unmoralischen Umgangs, und du kriegst eins auf den Pelz!« Wir verstehen einige Sätze eines Hundes, und wir lernen, einige der Bemerkungen und Gesten jedes Vogels oder anderen Tieres zu verstehen, das wir domestizieren und beobachten. Die Klarheit und Genauigkeit der wenigen Reden einer Henne, die wir verstehen, ist ein Argument dafür, dass sie ihresgleichen hundert Dinge mitteilen kann, die wir nicht verstehen können – mit einem Wort, dass sie Gespräche führen kann. Und dieses Argument gilt auch für andere aus der großen Armee der Unerkannten. Es entspricht ganz der Eitelkeit und Unverschämtheit des Menschen, ein Tier unvernünftig zu nennen, nur weil es seiner getrübten Wahrnehmung unvernünftig erscheint. Was nun die Ameise betrifft –

J. M. Ja, kommen wir wieder auf die Ameise zu sprechen,

jenes Geschöpf, das – wie Sie zu denken scheinen – die letzten Überreste einer intellektuellen Grenze zwischen dem Menschen und dem unerkannten Tier hinwegfegt.

A. M. Das tut sie gewiss. In all seiner Geschichte hat der australische Ureinwohner nie ein Haus für sich entworfen und erbaut. Die Ameise ist eine erstaunliche Architektin. Sie ist ein winziges Geschöpf, und doch erbaut sie ein festes und beständiges Haus, das zweieinhalb Meter hoch ist – ein Haus, das zu ihrer Körpergröße in demselben Verhältnis steht wie das größte Kapitol oder die größte Kathedrale der Welt zur Körpergröße des Menschen. Kein wilder Menschenschlag hat Architekten hervorgebracht, die der Ameise an Genius oder Kultur gleichkommen. Kein zivilisierter Menschenschlag hat Architekten hervorgebracht, die ein für die vorgeschlagene Nutzung besser geeignetes Haus planen könnten als sie. Ihr Haus enthält einen Thronsaal; Kindergärten für den Nachwuchs; Kornkammern; Wohnungen für die Soldatinnen, die Arbeiterinnen usw.; all diese, die vielfältigen Säle und die mit ihnen verbundenen Korridore sind mit einem geschulten und erfahrenen Auge für Bequemlichkeit und Anpassungsfähigkeit angeordnet und verteilt.

J. M. Das könnte reiner Instinkt sein.

A. M. Den Wilden würde es erhöhen, wenn er einen solchen besäße. Aber schauen wir weiter, bevor wir uns entscheiden. Die Ameise verfügt über Soldatinnen – Bataillone, Regimenter, Armeen; und es werden Hauptleute und Generäle berufen, die sie in die Schlacht führen.

J. M. Auch das könnte Instinkt sein.

A. M. Wir werden weitersuchen. Die Ameise hat ein Regierungssystem; es ist gut geplant, gut durchdacht und gut geführt.

J. M. Wieder Instinkt.

A. M. Sie hat Scharen von Sklavinnen und ist eine harsche und ungerechte Nutznießerin von Zwangsarbeit.

J. M. Instinkt.

A. M. Sie hält sich ›Kühe‹, die sie melkt.

J. M. Natürlich Instinkt.

A. M. In Texas legt sie eine mehr als einen Quadratmeter große Farm an, pflanzt, jätet, kultiviert, erntet und lagert ein.

J. M. Dennoch Instinkt.

A. M. Die Ameise unterscheidet zwischen Freundinnen und Fremden. Sir John Lubbock[12] entnahm Ameisen aus zwei verschiedenen Nestern, machte sie mit Whisky trunken und legte sie bewusstlos neben eines der Nester in Wassernähe. Die Ameisen aus dem Nest kamen herbei, untersuchten und erörterten diese mit Schande bedeckten Kreaturen, trugen daraufhin ihre Freundinnen nach Hause und warfen die Fremden über Bord. Sir John wiederholte das Experiment mehrere Male. Eine Zeit lang taten die nüchternen Ameisen dasselbe wie beim ersten Mal – trugen ihre Freundinnen nach Hause und warfen die Fremden über Bord. Schließlich aber, als sie sahen, dass ihre erzieherischen Bemühungen vergebens waren, verloren sie die Geduld und warfen sowohl ihre Freundinnen als auch die Fremden über Bord. Kommen Sie – ist das Instinkt, oder ist es die durchdachte und intelligente Erörterung einer Angelegenheit, die in ihrer Erfahrungswelt etwas Neues – etwas vollkommen Neues – darstellt? Ein Richtspruch wird gefällt, eine Strafe verhängt und das Urteil vollstreckt. Ist das Instinkt – durch jahrmillionenlange Gewohnheit erstarrtes Denken –, oder ist es nicht vielmehr brandneues Denken, inspiriert von einem neuen Ereignis, von neuen Umständen?

J. M. Ich muss zugeben, es war nicht das Resultat von Gewohnheit; es hat ganz den Anschein von Reflexion, Denken, Zusammenzählen von eins und eins, wie Sie es ausdrücken. Ich glaube, es war Denken.

A. M. Ich will Ihnen ein weiteres Beispiel für Denken geben. Franklin[13] hatte auf einem Tisch in seinem Zimmer eine Tasse Zucker stehen. Die Ameisen taten sich daran gütlich. Er versuchte es mit etlichen Präventivmaßnahmen; die Ameisen erwiesen sich als überlegen. Schließlich klügelte er eine aus, mit der er ihnen den Zugang versperrte – vermutlich stellte er die Tischbeine in Töpfe mit Wasser oder zog einen Ring aus Teer um die Tasse, ich weiß es nicht mehr. Jedenfalls beobachtete er sie, um zu sehen, wie sie verfahren würden. Sie probierten verschiedene Vorgehensweisen aus – jede einzelne ein Misserfolg. Die Ameisen waren sehr verwirrt. Schließlich hielten sie eine Beratung ab, debattierten das Problem und kamen zu einer Entscheidung – und diesmal besiegten sie den großen Philosophen. Sie formierten sich zu einer Prozession, überquerten den Fußboden, kletterten die Wand hinauf, marschierten die Zimmerdecke entlang bis zu einem Punkt genau über der Tasse, dann ließen sie sich eine nach der anderen hineinfallen! War das Instinkt – durch jahrmillionenlange ererbte Gewohnheit erstarrtes Denken?

J. M. Nein, ich glaube nicht. Ich glaube, es war ein neu erdachter Plan, um eine neue Notlage zu meistern.

A. M. Sehr gut. In beiden Fällen haben Sie ihnen Denkvermögen zugestanden. Ich komme nun zu einem mentalen Detail, bei dem die Ameise jedem Menschen weit überlegen ist. Sir John Lubbock hat durch viele Experimente bewiesen, dass eine Ameise eine fremde Ameise ihrer eigenen Spezies augenblicklich erkennt, selbst wenn die fremde Ameise getarnt wird – mit Farbe. Außerdem bewies er, dass eine Ameise jedes Individuum in ihrem Bau mit seinen fünfhunderttausend Seelen kennt. War eine der fünfhunderttausend ein Jahr lang abwesend, erkennt sie die Heimgekehrte sofort wieder und beehrt sie mit einem liebevollen Willkommensgruß. Woran aber erkennt sie sie wieder? Nicht an der Färbung, denn angemalte Ameisen wurden erkannt. Nicht am Geruch, denn in Chloroform getauchte Ameisen wurden erkannt. Nicht an der Sprache, an Fühlerzeichen oder Berührungen, denn die betrunkenen und reglosen Ameisen wurden wiedererkannt und Freundinnen von Fremden unterschieden. Die Ameisen gehörten alle derselben Spezies an, deshalb mussten die Freundinnen an besonderen Merkmalen wiedererkannt werden – Freundinnen, die Teil einer Kolonie von fünfhunderttausend waren! Hat irgendein Mensch ein Gedächtnis für besondere Merkmale, das dem auch nur nahekommt?

J. M. Natürlich nicht.

A. M. Franklins Ameisen und Lubbocks Ameisen stellen ausgezeichnete Fähigkeiten unter Beweis, in neuen, nicht erprobten Notfällen eins und eins zusammenzuzählen und aus den Kombinationen kluge Rückschlüsse zu ziehen – ebendies ist der Denkprozess des Menschen. Mit Hilfe des Gedächtnisses bewahrt der Mensch seine

Beobachtungen und Überlegungen auf, denkt über sie nach, fügt weitere hinzu, kombiniert aufs Neue und gelangt so Schritt für Schritt zu weitreichenden Resultaten – vom Teekessel zu den komplexen Motoren des Ozeandampfers; von persönlicher Arbeit zur Sklavenarbeit; vom Wigwam zum Palast; von der unberechenbaren Jagd zu Landwirtschaft und Nahrungsmittellagerung; vom Nomadenleben zu stabiler Regierung und konzentrierter Macht; von vereinzelten Kriegshaufen zu Massenheeren. Die Ameise verfügt über Beobachtungsgabe, Denkvermögen und obendrein ein erstaunliches Gedächtnis, in dem alles aufbewahrt wird; sie reproduziert die Entwicklung des Menschen und die wesentlichen Merkmale seiner Zivilisation, und das alles nennen Sie Instinkt!

J. M. Vielleicht mangelte es mir in dem Moment ja selbst an Denkvermögen.

A. M. Nun, verraten Sie es bloß niemandem und tun Sie es nicht wieder.

J. M. Wir haben eine ziemliche Strecke zurückgelegt. Als Resultat – so wie ich es verstehe – muss ich also zugeben, dass es schlechterdings keine intellektuelle Grenze gibt, die den Menschen von den unerkannten Geschöpfen trennt?

A. M. Genau das müssen Sie zugeben. Es gibt keine solche Grenze – es führt kein Weg darum herum. Der Mensch hat eine feinere und leistungsfähigere Maschine in sich als die anderen, doch es ist dieselbe Art Maschine und funktioniert auf die gleiche Weise. Und weder er noch die anderen können der Maschine befehlen – sie ist streng automatisch, unabhängig von Steuerung, wird tätig, wann es ihr gefällt, und wenn es ihr nicht gefällt, lässt sie sich nicht nötigen.

J. M. Demnach sind, was die geistige Maschinerie betrifft, der Mensch und die anderen Tiere alle gleich, und es besteht zwischen ihnen kein gewaltiger Unterschied, ein Unterschied nur dem Ausmaß, nicht der Art nach.

A. M. Dies ist in etwa der Stand der Dinge – Intellektualität. Auf beiden Seiten gibt es starke Begrenzungen. Wir können ihre Sprache nicht sonderlich gut verstehen lernen; hingegen lernen der Hund, der Elefant usw. einen Großteil unserer Sprache zu verstehen. Insofern sind sie uns überlegen. Andererseits können sie weder lesen, schreiben usw. noch unsere feineren und höheren Dinge erlernen, und darin haben wir ihnen gegenüber einen großen Vorteil.

J. M. Sehr gut, es sei ihnen gegönnt; dennoch gibt es eine Mauer, und zwar eine hohe. Sie haben kein moralisches Bewusstsein; das aber haben wir, und es erhebt uns unermesslich weit über sie.

A. M. Wie kommen Sie darauf?

J. M. Schauen Sie – lassen wir's dabei bewenden. Die anderen Unverschämtheiten und Verrücktheiten habe ich ertragen. Es reicht; ich werde nicht dulden, dass der Mensch und die anderen Tiere auch moralisch auf die gleiche Stufe gestellt werden.

A. M. Ich hatte auch gar nicht vor, den Menschen so hoch zu heben.

J. M. Das ist zu arg! Ich halte es für unangebracht, über solche Dinge zu scherzen.

A. M. Ich scherze nicht, ich gebe lediglich eine schlichte und einfache Wahrheit wieder – ohne jede Lieblosigkeit. Die

Tatsache, dass der Mensch zwischen Recht und Unrecht unterscheidet, beweist seine *intellektuelle* Überlegenheit gegenüber den anderen Geschöpfen; doch die Tatsache, dass er Unrechtes *tun* kann, beweist seine *moralische* Unterlegenheit gegenüber jedem Geschöpf, das dies *nicht* kann. Ich bin der Ansicht, dass diese Position unangreifbar ist.

Freier Wille

J. M. Was ist Ihre Meinung zum freien Willen?

A. M. Dass es ihn nicht gibt. Besaß ihn der Mann, der der alten Frau seine letzten fünfundzwanzig Cent schenkte und sich durch den Sturm nach Hause kämpfte?

J. M. Er hatte die Wahl, der alten Frau beizustehen oder sie ihrem Leid zu überlassen. Ist es nicht so?

A. M. Ja, er musste eine Wahl treffen – zwischen körperlichem Behagen einerseits und geistigem Behagen andererseits. Natürlich richtete der Körper einen starken Appell an ihn – das tut der Körper immer; der Geist richtete an ihn einen Gegenappell. Zwischen diesen beiden Appellen musste eine Wahl getroffen werden, und sie wurde getroffen. Wer oder was bestimmte die Wahl?

J. M. Jeder andere als Sie würde sagen, dass der Mann die Wahl bestimmte und dabei seinen freien Willen ausübte.

A. M. Ständig wird uns versichert, ein jeder Mensch sei mit einem freien Willen ausgestattet und er könne und müsse diesen ausüben, wo immer ihm die Wahl zwischen gutem und weniger gutem Verhalten offensteht. Und doch haben wir deutlich gesehen, dass im Falle dieses Mannes gar kein freier Wille vorhanden war: Sein Temperament, seine Schulung und die täglichen Einflüsse, die ihn geprägt und zu dem gemacht hatten, was er war, *zwangen* ihn dazu, der alten Frau zu Hilfe zu kommen und so *sich selbst* zu retten – sich vor geistigem Schmerz, vor unerträglicher Erbärmlichkeit zu retten. Nicht er traf die Wahl, sie wurde *für* ihn getroffen, von Kräften, die er nicht kontrollieren konnte. Freien Willen hat es stets nur in *Worten* gegeben, aber ich glaube, darin erschöpft er sich – vor den *Tatsachen* macht er halt. Ich würde nicht diesen Begriff benutzen – freier Wille –, sondern einen anderen.

J. M. Welchen anderen?

A. M. Freie Wahl.

J. M. Worin besteht der Unterschied?

A. M. Der eine beinhaltet die uneingeschränkte Macht, zu *handeln*, wie es einem beliebt, der andere beinhaltet nichts, was über einen bloß *mentalen Prozess* hinausgeht: das kritische Vermögen, zu entscheiden, welches von zwei Dingen dem Rechten und Gerechten am nächsten kommt.

J. M. Bitte verdeutlichen Sie den Unterschied.

A. M. Der Verstand kann das Rechte und Gerechte frei *aussuchen, wählen, aufzeigen* – darin erschöpft sich seine Funktion. Er kommt in der Angelegenheit nicht weiter. Er hat nicht die Macht zu sagen, dass das Rechte getan und das Unrechte verworfen werden soll. Diese Macht liegt in anderen Händen.

J. M. In denen des Menschen?

A. M. In der Maschine, die für ihn steht. In seiner angeborenen Veranlagung und in dem Charakter, der durch Schulung und Umgebung um sie herum geschaffen wurde.

J. M. Sie wird das Rechte tun?

A. M. In der Angelegenheit wird sie tun, wie ihr beliebt. George Washingtons[14] Maschine würde das Rechte tun; Pizarros[15] Verstand würde wissen, was das Rechte ist und was das Unrechte, doch der Herr und Gebieter in Pizarro würde das Unrechte tun.

J. M. Demnach zeigt, so wie ich es verstehe, die geistige Maschinerie eines bösen Menschen ruhig und besonnen auf, welches von zwei Dingen recht und gerecht ist –

A. M. Ja, und seine *moralische* Maschinerie wird, je nach ihrer Machart, frei nach dem einen oder dem anderen handeln und gegenüber den Gefühlen des *Verstandes* in dieser Angelegenheit ziemlich gleichgültig sein – das heißt, sie *wäre* es, wenn der Verstand Gefühle hätte; was er nicht hat. Er ist lediglich ein Thermometer: Er registriert Hitze und Kälte und schert sich um beides nicht.

J. M. Dann dürfen wir also nicht behaupten, dass ein Mensch, der *weiß*, welches von zwei Dingen richtig ist, schlichtweg daran *gebunden* ist, dieses Ding zu tun?

A. M. Sein Temperament und seine Schulung werden entscheiden, was er tun soll, und er wird es tun; er kann nicht anders, er hat keine Macht über die Angelegenheit. War es nicht richtig, dass David hinging und Goliath erschlug?

J. M. Doch.

A. M. Dann wäre es ebenso *richtig* gewesen, wenn ein anderer es getan hätte?

J. M. Gewiss.

A. M. Dann wäre es für einen geborenen Feigling *richtig* gewesen, es zu versuchen?

J. M. Ja.

A. M. Sie wissen, dass kein geborener Feigling es jemals versucht hätte, nicht wahr?

J. M. Ja.

A. M. Sie wissen, dass Machart und Temperament eines geborenen Feiglings ein absolutes und unüberwindliches Hindernis dafür wäre, dergleichen jemals zu versuchen, nicht wahr?

J. M. Ja, das weiß ich.

A. M. Er erkennt eindeutig, dass es *richtig* wäre, es zu versuchen?

J. M. Ja.

A. M. Sein Verstand hat die freie Wahl, zu entscheiden, dass es *richtig* wäre, es zu versuchen?

J. M. Ja.

A. M. Wenn er es aufgrund seiner angeborenen Feigheit schlichtweg *nicht* versuchen kann, was wird dann aus seinem freien Willen? Wo ist da noch sein freier Wille? Warum behaupten, dass er einen freien Willen hat, wenn die einfachen Tatsachen beweisen, dass er keinen freien Willen hat? Warum behaupten, dass er und David, nur weil sie das Rechte gleichermaßen *sehen*, beide auch gleichermaßen *handeln* müssen? Warum der Ziege und dem Löwen dieselben Gesetze auferlegen?

J. M. Es gibt also wirklich keinen freien Willen?

A. M. Meiner Ansicht nach nicht. Es gibt zwar einen *Willen*. Doch mit der *intellektuellen Erkenntnis von Recht und Unrecht* hat er nichts zu tun, noch steht er unter ihrem Befehl. Davids Temperament und Schulung hatten einen Willen, und der war eine zwingende Macht; David musste seinen Anordnungen gehorchen, er hatte keine Wahl. Auch Temperament und Schulung des Feiglings besitzen einen Willen, und *der* ist ebenfalls zwingend; er befiehlt ihm, Gefahr zu vermeiden, und er gehorcht, er hat keine Wahl. Doch weder die Davids noch die Feiglinge besitzen einen freien Willen – einen Willen, der je nach ihrem *mentalen* Urteil das Richtige oder das Falsche tun kann.

Nicht zwei Werte, sondern nur einer

J. M. Es gibt da eine Sache, die mich stört: Ich kann nicht sagen, wo Sie die Grenze zwischen *materieller* Begierde und *spiritueller* Begierde ziehen.

A. M. Ich ziehe keine Grenze.

J. M. Wie meinen Sie das?

A. M. *Materielle* Begierde gibt es nicht. Alle Begierde ist spirituell.

J. M. *Alle* Sehnsüchte, Wünsche, Ambitionen sind *spirituell*, niemals materiell?

A. M. Ja. Der Gebieter in Ihnen verlangt, dass Sie in *allen* Fällen seinen *Geist* – und allein diesen – zufriedenstellen. Er verlangt nie etwas anderes, er interessiert sich nie für irgendeine andere Angelegenheit.

J. M. Ach, kommen Sie! Wenn er jemandes Geld begehrt, ist das nicht ausgesprochen materiell und ordinär?

A. M. Nein. Das Geld ist lediglich ein Symbol – es repräsentiert in sichtbarer und konkreter Form einen *spirituellen Wunsch*. Jedes sogenannte materielle Ding, das Sie wollen, ist lediglich ein Symbol: Sie wollen es nicht um *seiner selbst* willen, sondern weil es Ihren Geist für den Augenblick zufriedenstellen wird.

J. M. Bitte präzisieren Sie das.

A. M. Wie Sie wünschen. Vielleicht ist das ersehnte Ding ein neuer Hut. Sie kaufen ihn, und Ihre Eitelkeit ist befriedigt, Ihr Geist ist zufriedengestellt. Angenommen, Ihre Freunde spotten über den Hut, machen sich über ihn lustig: Sogleich verliert er seinen Wert; Sie schämen sich für ihn, Sie entfernen ihn aus Ihrem Blickfeld, Sie wollen ihn nie wieder sehen.

J. M. Ich glaube, ich verstehe. Fahren Sie fort.

A. M. Es ist derselbe Hut, oder nicht? Er hat sich in keiner Hinsicht verändert. Aber es war nicht der *Hut*, den Sie wollten, sondern nur das, wofür er stand – etwas, das Ihren *Geist* erfreut und zufriedenstellt. Als das missglückte, war sein ganzer Wert dahin. Es gibt keine *materiellen* Werte, es gibt nur spirituelle. Vergeblich werden Sie einem materiellen Wert nachjagen, der *wirklich* ist, der *real* ist – es gibt ihn nicht. Der einzige Wert, den er besitzt, und sei es nur für einen Augenblick, ist der spirituelle Wert, der sich dahinter verbirgt: Wird der beseitigt, ist er mit einem Mal wertlos – genau wie der Hut.

J. M. Können Sie das auf Geld ausweiten?

A. M. Ja. Geld ist lediglich ein Symbol, es hat keinen *materiellen* Wert; Sie glauben, dass Sie es um seiner selbst willen begehren, aber dem ist nicht so. Sie begehren es um der spirituellen Zufriedenheit willen, die es Ihnen bescheren wird; wenn das missglückt, stellen Sie fest, dass sein Wert dahin ist. Es gibt da die jammervolle Geschichte von dem Mann, der wie ein Sklave schuftete, rastlos, unzufrieden, bis er ein Vermögen angehäuft hatte und froh und glücklich war; dann raffte eine Seuche alle, die ihm lieb und teuer waren, binnen einer Woche hinweg und ließ ihn einsam zurück. Der Wert seines Geldes war dahin. Ihm wurde klar, dass seine Freude daran nicht von dem Geld selbst herrührte, sondern von der spirituellen Befriedigung, die er aus der Freude seiner Familie an den Genüssen und Wonnen zog, die es ihnen bereitete. Geld hat keinen *materiellen* Wert; nimmt man ihm seinen spirituellen Wert, bleibt nichts als Schlacke zurück. So ist es mit allen Dingen, ob klein oder groß, erhaben oder trivial – es gibt keine Ausnahmen. Kronen, Zepter, Pennys, Strassjuwelen, dörfliche Berühmtheit, Weltruhm – sie sind alle gleich, sie haben keinen *materiellen* Wert: Solange sie den *Geist* zufriedenstellen, sind sie kostbar; sobald das missglückt, sind sie wertlos.

Eine schwierige Frage

J. M. Mit Ihrer schwer zu greifenden Terminologie verwirren und verblüffen Sie mich immer wieder aufs Neue. Manchmal teilen Sie einen Menschen in zwei oder drei getrennte Persönlichkeiten auf, jede davon mit eigenen Behörden, Gerichtsbarkeiten und Verantwortlichkeiten, und wenn er sich in diesem Zustand befindet, kann ich ihn nicht fassen. Also, wenn *ich* von einem Menschen spreche, ist er *das Ganze in einem* und mühelos zu fassen und zu betrachten.

A. M. Das ist angenehm und bequem, falls es denn stimmt.

Wenn Sie sagen: »mein Körper«, auf wen bezieht sich dieses »mein«?

J. M. Auf mich.

A. M. Dann ist der Körper also ein Eigentum, und dessen Besitzer ist das Ich. Wer ist dieses Ich?

J. M. Das Ich ist *das Ganze*; es ist Gemeineigentum; es ist ungeteilte Eigentümerschaft, die dem ganzen Gebilde zukommt.

A. M. Wenn das Ich einen Regenbogen bewundert, ist es dann das ganze Ich, das ihn bewundert, einschließlich der Haare, der Hände, der Fersen und allem?

J. M. Natürlich nicht. Es ist mein *Verstand*, der den Regenbogen bewundert.

A. M. Also teilen *Sie* selber das Ich. Jeder tut es, jeder muss es tun. Was dann ist definitiv das Ich?

J. M. Ich glaube, es besteht aus diesen beiden Teilen – dem Körper und dem Geist.

A. M. Glauben Sie? Wenn Sie sagen: »Ich glaube, die Erde ist rund«, wer ist das »Ich«, das da spricht?

J. M. Der Verstand.

A. M. Wenn Sie sagen: »Ich trauere um den Verlust meines Vaters«, wer ist dann das »Ich«?

J. M. Der Verstand.

A. M. Übt der Verstand eine intellektuelle Tätigkeit aus, wenn er die Beweise dafür, dass die Erde rund ist, prüft und akzeptiert?

J. M. Ja.

A. M. Übt der Verstand eine intellektuelle Tätigkeit aus, wenn er um den Verlust Ihres Vaters trauert?

J. M. Nein. Das ist keine Denktätigkeit, keine Gehirnarbeit, es ist eine Frage der *Gefühle*.

A. M. Dann ist deren Quelle nicht in Ihrem Verstand, sondern auf *moralischem* Gebiet zu suchen?

J. M. Ich kann es nicht leugnen.

A. M. Ist Ihr Verstand Teil Ihrer *physischen* Ausstattung?

J. M. Nein. Er ist unabhängig davon; er ist spirituell.

A. M. Wenn er spirituell ist, kann er durch physische Einflüsse nicht beeinflusst werden?

J. M. Nein.

A. M. Bleibt der Verstand nüchtern, wenn der Körper trunken ist?

J. M. Das nun nicht.

A. M. Dann liegt also doch eine physische Wirkung vor?

J. M. Es sieht ganz danach aus.

A. M. Ein gebrochener Schädel hat bisweilen einen verrückten Geist zur Folge gehabt. Wie kann das sein, wenn der Verstand spiritueller Natur und *unabhängig* von physischen Einflüssen ist?

J. M. Nun – ich weiß es nicht.

A. M. Wenn Sie Schmerzen im Fuß haben, woher wissen Sie das?

J. M. Ich empfinde sie.

A. M. Aber Sie empfinden sie erst, wenn ein Nerv den Schmerz an das Gehirn meldet. Doch das Gehirn ist der Sitz des Verstandes, nicht wahr?

J. M. Ich denke schon.

A. M. Aber dieser ist nicht spirituell genug, um ohne die Hilfe eines *physischen* Boten zu erfahren, was an den Rändern geschieht? Sie merken, dass sich die Frage, wer oder was das Ich ist, keineswegs einfach beantworten lässt. Sie sagen: »Ich bewundere den Regenbogen«, und: »Ich glaube, die Erde ist rund«, und in diesen Fällen stellen wir fest, dass gar nicht das Ich spricht, sondern nur sein *mentaler* Teil. Sie sagen: »Ich trauere«, und wieder spricht gar nicht das Ich, sondern nur sein *moralischer* Teil. Sie behaupten, der Verstand sei gänzlich spirituell; dann sagen Sie: »Ich verspüre Schmerzen«, und stellen fest, dass das Ich diesmal eine Kombination aus Mentalem *und* Physischem ist. Wir alle verwenden »Ich« auf diese unbestimmte Weise, wir können nicht anders. Wir stellen uns einen Gebieter vor, einen König über das, was Sie »das Ganze« nennen, und sprechen von ihm als dem »Ich«, doch sobald wir versuchen, dieses »Ich« zu definieren, stellen wir fest, dass wir es nicht können. Intellekt und Gefühle können ganz *unabhängig* voneinander agieren. Das begreifen wir, und so schauen wir uns nach einem Herrscher um, der Gebieter über beide ist, als *definitives und unanfechtbares »Ich«* dienen und uns in die Lage versetzen kann, zu wissen, was wir meinen und von wem oder was wir sprechen, wenn wir dieses Pronomen verwenden. Indes müssen wir den Versuch aufgeben und bekennen, dass wir dieses »Ichs «nicht habhaft werden. Für mich ist der Mensch eine Maschine, die sich aus vielen Mechanismen zusammensetzt, moralischen und mentalen, die automatisch in Übereinstimmung mit den Impulsen eines inneren Herrn und Gebieters agieren, welcher sich aus angeborenem Temperament und einer Anhäufung vielfältiger äußerer Einflüsse und Schulungen zusammensetzt. Er ist eine Maschine, deren *eine* Funktion darin besteht, die spirituelle Zufriedenheit dieses Herrn und Gebieters sicherzustellen, seien dessen Wünsche gut oder böse; eine Maschine, deren Wille absolut ist, befolgt werden muss und unausweichlich befolgt *wird*.

J. M. Vielleicht ist das Ich die Seele?
A. M. Vielleicht. Was ist die Seele?
J. M. Ich weiß es nicht.
A. M. Das weiß auch sonst niemand.

Die vorherrschende Leidenschaft

J. M. Was ist dieser Herr und Gebieter? Oder, nach allgemeinem Sprachgebrauch, das Gewissen? Erklären Sie es.

A. M. Es ist jener geheimnisvolle Alleinherrscher, der in einem Menschen residiert und ihn zwingt, seine Wünsche zu befriedigen. Man kann es auch die vorherrschende Leidenschaft nennen – den Hunger nach Selbstbilligung.

J. M. Wo hat es seinen Sitz?

A. M. In der moralischen Verfassung des Menschen.

J. M. Dienen seine Befehle dem Wohl des Menschen?

A. M. Das Wohl des Menschen ist ihm gleichgültig; es kümmert sich nie um etwas anderes als um die Befriedigung seiner eigenen Wünsche. Es kann *geschult* werden, Dinge zu bevorzugen, die dem Wohl des Menschen dienen, wird sie aber nur deshalb bevorzugen, weil diese *es* besser zufriedenstellen als andere Dinge.

J. M. Dann ist es, selbst wenn es auf hohe Ideale hin geschult wird, nach wie vor auf die eigene Zufriedenheit bedacht und nicht auf das Wohl des Menschen.

A. M. Richtig. Ob geschult oder ungeschult, es schert sich nicht um das Wohl des Menschen und ist niemals damit befasst.

J. M. Es scheint eine *unmoralische* Kraft zu sein, die ihren Sitz in der moralischen Verfassung des Menschen hat?

A. M. Es ist eine *farblose* Kraft, die ihren Sitz in der moralischen Verfassung des Menschen hat. Nennen wir es Instinkt – ein blinder, vernunftloser Instinkt, der zwischen guter und böser Moral weder unterscheiden kann noch unterscheiden will und der sich um die Auswirkungen auf den Menschen nicht schert, solange seine eigene Zufriedenheit sichergestellt ist; und diese Zufriedenheit wird er *immer* sicherstellen.

J. M. Er strebt nach Geld und ist vermutlich der Ansicht, dieses sei für den Menschen von Vorteil?

A. M. Er strebt nicht immer nach Geld, er strebt nicht immer nach Macht oder einem Amt noch nach irgendeinem anderen *materiellen* Vorteil. In *allen* Fällen strebt er nach *spiritueller Befriedigung*, mögen die *Mittel* sein, wie sie wollen. Seine Wünsche sind durch das Temperament des Menschen bestimmt – und darüber ist er Herr. Temperament, Gewissen, Empfänglichkeit, spiritueller Appetit sind in Wirklichkeit ein und dasselbe. Haben Sie schon einmal von einem Menschen gehört, dem Geld nichts bedeutet hat?

J. M. Ja. Ein Gelehrter, der seine Mansarde und seine Bücher nicht verlassen wollte, um in einem Geschäftshaus eine Stelle mit hohem Gehalt anzutreten.

A. M. Er musste seinen Gebieter befriedigen – will sagen, sein Temperament, seinen spirituellen Appetit –, und dieser zog dem Geld die Bücher vor. Gibt es noch andere Fälle?

J. M. Ja, der Einsiedler.

A. M. Das ist ein gutes Beispiel. Der Einsiedler erträgt Einsamkeit, Hunger, Kälte und mannigfaltige Gefahren, um seinen Alleinherrscher zufriedenzustellen, der derlei Dinge sowie Gebet und Kontemplation eben jedem Geld, jeder Protzerei und jedem Luxus vorzieht, den man mit Geld kaufen kann. Gibt es noch andere?

J. M. Ja. Der Künstler, der Dichter, der Wissenschaftler.

A. M. Deren Alleinherrscher zieht die tiefen Freuden dieser Berufe, ob gut oder schlecht bezahlt, allen anderen auf dem Markt vor, koste es, was es wolle. Sie *begreifen*, dass sich die vorherrschende Leidenschaft – die Zufriedenstellung des Geistes – mit vielen anderen Dingen befasst als nur mit sogenanntem materiellem Vorteil, materiellem Wohlstand, Geld und alledem?

J. M. Ich denke, ich muss es zugeben.

A. M. Ich glaube, das müssen Sie. Vielleicht gibt es ebenso viele Temperamente, die die Bürde, den Verdruss und die Auszeichnung eines öffentlichen Amtes ablehnen, wie solche, die danach gieren. Die eine Gruppe von Temperamenten strebt nach Zufriedenstellung des Geistes und nur nach dieser; und genau das ist auch bei der anderen Gruppe der Fall. Keine der beiden strebt nach irgendetwas anderem als der Zufriedenstellung des Geistes. Ist eine der beiden verkommen, so sind beide verkommen; und zwar gleichermaßen, da das angestrebte Ziel in beiden Fällen genau dasselbe ist. Und in beiden Fällen entscheidet Temperament über die Präferenz – und Temperament ist *angeboren*, nicht gemacht.

Schlussbetrachtung

A. M. Sie haben sich Urlaub genommen?

J. M. Ja, ich habe eine einwöchige Bergwanderung gemacht. Sind Sie bereit zu reden?

A. M. Durchaus. Womit wollen wir beginnen?

J. M. Nun, ich habe zwei Tage im Bett gelegen, um mich auszuruhen, habe über all unsere Gespräche nachgedacht und sie sorgfältig überprüft. Mit diesem Ergebnis: dass – dass – Haben Sie vor, Ihre Auffassung des Menschen eines Tages zu veröffentlichen?

A. M. In den letzten zwanzig Jahren hat der Gebieter in mir hin und wieder halbwegs die Absicht gehabt, mir zu befehlen, sie zu Papier zu bringen und zu veröffentlichen. Muss ich Ihnen erst noch sagen, weshalb der Befehl ausgeblieben ist, oder können Sie eine so einfache Sache auch ohne meine Hilfe erklären?

J. M. Ihrer Doktrin zufolge ist es das Einfachste von der Welt: Äußere Einflüsse haben Ihren inneren Herrn und Gebieter dazu bewogen, den Befehl zu erteilen; stärkere äußere Einflüsse haben ihn davon abgehalten. Ohne die äußeren Einflüsse hätte keiner dieser beiden Impulse jemals entstehen können, da das Gehirn eines Menschen unfähig ist, von sich aus eine Idee hervorzubringen.

A. M. Korrekt. Fahren Sie fort.

J. M. Die Frage, ob das Buch veröffentlicht oder zurückgehalten werden soll, liegt noch immer in den Händen Ihres Gebieters. Sollte ein äußerer Einfluss ihn eines Tages veranlassen, es zu veröffentlichen, wird er den Befehl erteilen, und dieser wird befolgt werden.

A. M. Das ist richtig. Und?

J. M. Nach reiflicher Überlegung bin ich zu der Überzeugung gelangt, dass die Veröffentlichung Ihrer Doktrin gefährlich wäre. Verzeihen Sie mir?

A. M. *Ihnen* verzeihen? Sie haben nichts getan. Sie sind ein Instrument – ein Sprachrohr. Sprachrohre sind für das, was durch sie gesagt wird, nicht verantwortlich. Äußere Einflüsse – in Form lebenslanger Lehren, Schulungen, Vorstellungen, Vorurteile und anderer Importe aus zweiter Hand – haben den Gebieter in Ihnen davon überzeugt, dass die Veröffentlichung dieser Doktrin gefährlich wäre. Nun gut, das ist nur natürlich und war zu erwarten, ja, es war unvermeidlich. Fahren Sie fort; bleiben Sie um der Einfachheit und Bequemlichkeit willen der Gewohnheit treu: Sprechen Sie in der ersten Person und sagen Sie mir, was Ihr Herr und Gebieter darüber denkt.

J. M. Nun, zunächst einmal ist es eine verheerende Doktrin; sie inspiriert nicht, begeistert nicht, erhebt nicht. Sie nimmt dem Menschen den Ruhm, sie nimmt ihm den Stolz, sie nimmt ihm den Heldenmut, sie verwehrt ihm jede persönliche Anerkennung, jeden Beifall; nicht nur degradiert sie ihn zu einer Maschine, sie erlaubt ihm nicht einmal die Kontrolle über diese Maschine; macht aus ihm eine bloße Kaffeemühle und erlaubt ihm weder, den Kaffee zu liefern, noch, die Kurbel zu drehen; seine einzige und erbärmlich bescheidene Funktion besteht darin, grob oder fein zu mahlen, je nach Machart; äußere Impulse tun das Übrige.

A. M. Das ist richtig zusammengefasst. Sagen Sie mir – was bewundern Menschen aneinander am meisten?

J. M. Intellekt, Mut, Majestät des Wuchses, Schönheit des

Antlitzes, Barmherzigkeit, Mildtätigkeit, Großmut, Güte, Heldenmut und – und – und –

A. M. Das genügt schon. Dies sind *elementare Dinge*. Tugend, Tapferkeit, Heiligkeit, Wahrhaftigkeit, Treue, hohe Ideale – diese und alle verwandten Eigenschaften, die im Wörterbuch genannt werden, sind *aus elementaren Dingen gemacht*, aus Mischungen, Kombinationen und Schattierungen elementarer Dinge, so wie man Grün erzeugt, indem man Blau und Gelb mischt, und so wie man verschiedene Rottöne erzeugt, indem man Elementarrot modifiziert. Es gibt sieben Elementarfarben; sie alle sind im Regenbogen enthalten; aus ihnen stellen wir fünfzig Schattierungen her und benennen sie. Sie haben die Elementarfarben des menschlichen Regenbogens benannt, und auch eine bestimmte *Farbmischung* – den Heldenmut, der sich aus Mut und Großmut zusammensetzt. Nun denn, welches dieser Elemente stellt ihr Besitzer selbst her? Ist es der Intellekt?

J. M. Nein.

A. M. Warum nicht?

J. M. Er wird damit geboren.

A. M. Ist es Mut?

J. M. Nein. Er wird damit geboren.

A. M. Ist es Majestät des Wuchses, Schönheit des Antlitzes?

J. M. Nein. Das sind Geburtsrechte.

A. M. Nehmen Sie jene anderen – die elementaren moralischen Qualitäten: Barmherzigkeit, Mildtätigkeit, Großmut, Güte; fruchtbare Samenkörner, aus denen kraft ihrer Kultivierung durch äußere Einflüsse all die vielfältigen Mischungen und Kombinationen von Tugenden hervorgehen, die in den Wörterbüchern genannt werden. Stellt der Mensch eines dieser Samenkörner her, oder werden sie alle in ihm geboren?

J. M. In ihm geboren.

A. M. Wer stellt sie dann her?

J. M. Gott.

A. M. Wem gebührt dafür die Ehre?

J. M. Gott.

A. M. Und der Ruhm, von dem Sie sprachen, und der Beifall?

J. M. Gott.

A. M. Dann sind *Sie* es, der den Menschen degradiert. Sie lassen ihn Ruhm, Lob und Schmeichelei für jedes wertvolle Ding in Anspruch nehmen, das er besitzt – dabei ist alles nur *geborgte* Pracht; keinen Fitzel hat er selbst verdient, kein Detail durch eigene Anstrengung hervorgebracht. *Sie* machen den Menschen zu einem Schwindler; habe ich ihm Schlimmeres angetan?

J. M. Sie haben eine Maschine aus ihm gemacht.

A. M. Wer hat jenen ausgeklügelten und wunderschönen Mechanismus, die Hand eines Menschen, erdacht?

J. M. Gott.

A. M. Wer hat das Gesetz erdacht, nach welchem sie einem Klavier automatisch und fehlerfrei ein kunstvolles Musikstück entlockt, während der Mensch an etwas ganz anderes denkt oder sich mit einem Freund oder einer Freundin unterhält?

J. M. Gott.

A. M. Wer hat das Blut erdacht? Wer hat die wunderbare Maschinerie erdacht, die seine erneuernden und erfrischenden Ströme Tag und Nacht automatisch durch den Körper treibt, ohne Zutun oder Ratschlag des Menschen? Wer hat den Verstand des Menschen erdacht, dessen Maschinerie automatisch arbeitet und sich unabhängig von seinem Willen oder Verlangen für das interessiert, was ihr gefällt, und die ganze Nacht hindurch arbeitet, wenn sie will, taub gegen seine Bitten um Erbarmen? Gott hat all diese Dinge erdacht. Nicht *ich* habe den Menschen zu einer Maschine gemacht, Gott hat ihn zu einer Maschine gemacht. Ich lenke lediglich das Augenmerk auf diese Tatsache, mehr nicht. Ist es falsch, das Augenmerk auf eine Tatsache zu lenken? Ist es ein Verbrechen?

J. M. Ich denke, es ist falsch, eine Tatsache *aufzudecken*, wenn daraus Schaden erwachsen kann.

A. M. Fahren Sie fort.

J. M. Betrachten Sie die Angelegenheit, so wie sie jetzt ist. Der Mensch ist gelehrt worden, dass er das höchste Wunder der Schöpfung sei; er glaubt daran; in keinem Zeitalter hat er je daran gezweifelt, ob er ein nackter Wilder war oder ein in Purpur und feines Leinen gekleideter Zivilisierter. Das hat sein Herz beschwingt, sein Leben heiter gemacht. Sein Selbststolz, seine aufrichtige Selbstbewunderung, seine Freude an dem, was er für seine eigenen, ohne Unterstützung zustande gekommenen Errungenschaften hielt, sein Jubel über das Lob und den Beifall, die sie hervorriefen – all das hat ihn erhoben, ihn begeistert, ihn zu immer weiteren Höhenflügen angespornt, mit einem Wort: sein Leben lebenswert gemacht. Aber in Ihrem System ist all das abgeschafft; er wird zur Maschine degradiert, er ist ein Niemand, sein edler Stolz verkümmert zu bloßer Eitelkeit; er mag sich bemühen, so viel er will, nie könnte er besser sein als sein demütigster und dümmster Nachbar; nie wieder würde er heiter sein, sein Leben wäre nicht lebenswert.

A. M. Glauben Sie das wirklich?

J. M. Ganz gewiss.

A. M. Haben Sie mich jemals unglücklich oder niedergeschlagen erlebt?

J. M. Nein.

A. M. Nun, *ich* glaube diese Dinge. Warum haben sie mich nicht unglücklich gemacht?

J. M. Je nun – Temperament natürlich! *Das* lassen Sie in Ihrem System nie unerwähnt.

A. M. Das ist richtig. Wird ein Mensch mit einem unglücklichen Temperament geboren, kann nichts ihn glücklich machen; wird er mit einem glücklichen Temperament geboren, kann nichts ihn unglücklich machen.

J. M. Was – nicht einmal ein schauriges und entwürdigendes Glaubenssystem?

A. M. *Glaubens*system? Bloßer Glaube? Bloße Überzeugungen? Die sind machtlos. Gegen angeborenes Temperament kämpfen sie vergeblich an.

J. M. Das kann ich nicht glauben, und ich glaube es nicht.

A. M. Jetzt sprechen Sie voreilig. Es zeigt, dass Sie die Tatsachen nicht sorgfältig geprüft haben. Welcher von all Ihren Vertrauten ist der glücklichste? Ist es nicht Burgess[16]?

J. M. Mit Abstand.

A. M. Und welcher ist der unglücklichste? Henry Adams?[17]

J. M. Ohne Frage!

A. M. Ich kenne sie gut. Sie sind Extreme, abnormale Typen; ihre Temperamente sind so gegensätzlich wie die Pole. Ihre Lebensgeschichten sind ähnlich verlaufen – aber schauen Sie sich das Resultat an! Sie haben in etwa das gleiche Alter – um die fünfzig. Burgess war stets beschwingt, hoffnungsvoll, glücklich; Adams war stets trübsinnig, hoffnungslos, bedrückt. Als junge Kerle versuchten es beide mit dem Journalismus – und scheiterten. Burgess schien es nichts auszumachen; Adams aber konnte nicht mehr lächeln, er konnte über das, was geschehen war, nur trauern und stöhnen und sich mit vergeblichem Bedauern quälen, weil er statt Dem-und-Dem nicht Das-und-Das getan hatte – *dann* hätte er Erfolg gehabt. Sie versuchten es mit Jura – und scheiterten. Burgess blieb glücklich – weil er nicht anders konnte. Adams war elend – weil er nicht anders konnte. Von jenem Tag an haben sich beide Männer immer wieder an Dingen versucht und sind immer wieder gescheitert: Burgess ging jedes Mal froh und glücklich daraus hervor; bei Adams verhielt es sich umgekehrt. Und wir wissen eindeutig, dass das angeborene Temperament der Männer durch alle Wechselfälle ihrer materiellen Angelegenheiten hindurch unverändert geblieben ist. Wir wollen sehen, wie es um ihre immateriellen Angelegenheiten steht. Beide waren enthusiastische Demokraten; beide waren enthusiastische Republikaner; beide waren enthusiastische Parteilose. In der jeweiligen politischen Überzeugung wie auch in der jeweiligen Absetzbewegung fand Burgess stets sein Glück, Adams stets sein Unglück. Beide Männer waren Presbyterianer, Universalisten, Methodisten, Katholiken – dann wieder Presbyterianer, dann wieder Methodisten. Auf diesen Ausflügen fand Burgess stets Ruhe, Adams stets Unruhe. Jetzt versuchen sie's mit der Christlichen Wissenschaft, mit dem gewohnten Resultat, dem unvermeidlichen Resultat.

Kein politischer oder religiöser Glaube kann Burgess unglücklich oder den anderen Mann glücklich machen. Ich versichere Ihnen, es ist bloß eine Frage des Temperaments. Überzeugungen sind *erworben*, Temperamente sind *angeboren*; Überzeugungen sind Veränderungen unterworfen, doch nichts auf der Welt kann ein Temperament verändern.

J. M. Sie haben extreme Temperamente angeführt.

A. M. Ja. Das Halbdutzend anderer Temperamente sind nur Modifikationen der Extreme. Aber das Gesetz ist dasselbe. Wo das Temperament zu zwei Dritteln glücklich oder zu zwei Dritteln unglücklich ist, können keine politischen oder religiösen Überzeugungen die Proportionen verändern. Die überwiegende Mehrheit der Temperamente ist ziemlich ausgeglichen; es fehlt ihnen an Intensität, und so kann eine Nation lernen, sich an ihre politischen und religiösen Verhältnisse anzupassen und sie zu mögen, mit ihnen zufrieden zu sein, sie schließlich sogar zu bevorzugen. Nationen *denken* nicht, sie *fühlen* nur. Ihre Gefühle beziehen sie aus zweiter Hand: von ihrem Temperament, nicht von ihrem Verstand. Eine Nation kann – durch die Macht der Umstände, nicht durch Argumente – dazu gebracht werden, sich *mit jeder erdenklichen Art von Regierung oder Religion* zu arrangieren; mit der Zeit wird sie sich an die erforderlichen Bedingungen anpassen; später wird sie sie bevorzugen und leidenschaftlich für sie streiten. Die Geschichte ist voller Beispiele: die Griechen, die Römer, die Perser, die Ägypter, die Russen, die Deutschen, die Franzosen, die Engländer, die Spanier, die Amerikaner, die Südamerikaner, die Japaner, die Chinesen, die Hindus, die Türken –

tausend wilde oder zahme Religionen, jede Art von Regierung, die man sich vorstellen kann, vom Tiger bis zur Hauskatze, und jede Nation *weiß*, dass sie die einzig wahre Religion und das einzig vernünftige Regierungssystem hat, jede verachtet alle anderen, jede ist ein Esel, ohne es auch nur zu ahnen, jede ist stolz auf ihre vermeintliche Überlegenheit, jede ist vollkommen überzeugt, Gottes Schoßtier zu sein, jede ist bereit, Ihn zu beschwören, Er möge in Kriegszeiten das Kommando übernehmen, jede ist erstaunt, wenn Er zum Feind überläuft, aus Gewohnheit jedoch in der Lage, dies zu entschuldigen und ihre Komplimente wiederaufzunehmen – kurzum, die ganze Menschheit ist zufrieden, stets zufrieden, beharrlich zufrieden, unverwüstlich zufrieden, glücklich, dankbar, stolz, *unabhängig davon, welches ihre Religion ist oder ob ihr Herrscher ein Tiger oder eine Hauskatze ist.* Benenne ich Tatsachen? Sie wissen, dass ich es tue. Ist die Menschheit fröhlich? Sie wissen, dass sie es ist. In Anbetracht dessen, was sie ertragen kann, ohne deswegen unglücklich zu sein, erweisen Sie mir allzu große Ehre, wenn Sie meinen, *ich* könnte ihr ein System einfacher nackter Tatsachen vorlegen, das ihr die Fröhlichkeit rauben würde. Nichts vermag das. Alles Erdenkliche ist bereits versucht worden. Ohne Erfolg. Ich bitte Sie, sich nicht zu beunruhigen.

Zu dieser Ausgabe

Grundlage für die Übersetzung ist die vom Verfasser nicht autorisierte Ausgabe:

> Mark Twain: What Is Man? Issued for the Rationalist Press Association Limited, London: Watts & Co., 1910.

Zunächst war die Schrift auf Betreiben von Mark Twain in einer limitierten Auflage von 250 Exemplaren ohne Verfasserangabe als Privatdruck erschienen:

> What Is Man? New York: De Vinne Press, 1906.

Anmerkungen

1 Alexander Hamilton (ca. 1755–1804): Staatstheoretiker und erster Finanzminister der Vereinigten Staaten.

2 Gemeint ist Francis Parkmans Buch *The Jesuits in North America in the Seventeenth Century* (1867).

3 Die University Settlement Society of New York wurde 1886 gegründet. Als Teil der internationalen Settlement-Bewegung setzte sie sich für soziale Reformen ein und schuf insbesondere Bildungsangebote und öffentliche Einrichtungen für benachteiligte Immigranten.

4 Anders als in Europa, das diese Tradition seit dem Mittelalter pflegt, kam das Geben von Trinkgeld in den Vereinigten Staaten erst gegen Ende des 19. Jahrhunderts auf und wurde bis in die 1920er Jahre hinein scharf kritisiert bzw. in manchen Bundesstaaten auch verboten.

5 Ignatius von Loyola (1491–1556): Mitbegründer des Jesuitenordens (Societas Jesu, SJ).

6 Das Lied *The Country Cousin, or, I saw Esau Kissing Kate* wurde 1870 von Edward Mack komponiert.

7 *In the Sweet By-and-By* (1868) ist ein bekanntes Kirchenlied von S. Fillmore Bennett und Joseph P. Webster.

8 Gemeint ist die Hauptfigur in H. G. Wells' Roman *The Invisible Man* (1897, dt.: *Der Unsichtbare*).

9 Charles Darwin (1809–1882): britischer Naturforscher und Mitbegründer der Evolutionsbiologie.

10 James Watt (1736–1819): schottischer Erfinder und Weiterentwickler der Dampfmaschine.

11 Thomas Alva Edison (1847–1931): US-amerikanischer Erfinder, insbesondere im Bereich der Elektrizität und Elektrotechnik.

12 John Lubbock, 1. Baron of Avebury (1834–1913): britischer Naturforscher, unter anderem auf dem Gebiet der Insektenkunde.

13 Benjamin Franklin (1706–1790): US-amerikanischer Naturwissenschaftler, Erfinder und Staatsmann, einer der Gründerväter der Vereinigten Staaten.

14 George Washington (1732–1799): von 1789 bis 1797 erster Präsident der Vereinigten Staaten.

15 Francisco Pizarro González (1478–1541): spanischer Conquistador, der das Reich der Inka erkundete und eroberte.

16 Vermutlich John William Burgess (1844–1931): US-amerikanischer Politikwissenschaftler, Historiker und Jurist.

17 Henry Brooks Adams (1838–1918): US-amerikanischer Historiker und Schriftsteller, ein Nachfahre der US-Präsidenten John Quincy Adams und John Adams.

Inhalt

Was ist der Mensch?

Schulung

Instinkt und Denken